JN096746

Movement Education & Therapy

実践！ムーブメント教育・療法

楽しく動いて、からだ・あたま・こころを育てる

監修　NPO法人日本ムーブメント教育・療法協会会長
小林　芳文 Yoshifumi Kobayashi

編著　認定ムーブメント教育・療法常任専門指導員
阿部美穂子 Mihoko Abe

著　NPO法人
日本ムーブメント教育・療法協会

クリエイツかもがわ
CREATES KAMOGAWA

はじめに

　ムーブメント教育・療法の「ムーブメント」とは、日本語では、動き、運動などと訳される言葉です。しかし、ここで言う「ムーブメント」は、特定の運動に限定されない、人間の自発的な動きのすべてをさしています。

　例えば、生まれたての赤ちゃんは、原始反射によってもたらされる「動き」を使って、お母さんのおっぱいを探し当て、それを飲む「動き」を通して満腹し、おっぱいが自分にとってどんなものであるかを理解していきます。また、子どもは「動き」を使って、おもちゃを探り、それで遊び、おもちゃがどんなものであるかを理解するようになります。このように、ヒトは生涯にわたって、動きを用いて自分を取り巻くあらゆる環境にかかわり、かかわった結果を確認することで、環境がどのようなものであるかを知るのです。さらに、環境にそのような結果をもたらすことができる自分自身についても理解するようになります。

　このように、ヒトの自発的な動き＝「ムーブメント」は、ヒトがこの世界を知り、自分を知って、その発達を促進するために必要不可欠なものと言えます。このムーブメントを発達支援の主軸におく教育・療法が「ムーブメント教育・療法」です。

　ムーブメント教育・療法は、米国のマリアンヌ・フロスティッグ博士（M, Frostig, 1906～1985）が体系化し、世界各国で実践されるようになりました。フロスティッグ博士は、著書の中で「ムーブメント教育の目的は健康と幸福感である」と述べています。ムーブメント教育・療法は、単なる支援手法にとどまらず、すべてのヒトが、かけがえのない道具である自分の体を使って、主体的に周りの環境にかかわり、自己有能感と生きる喜びを獲得することを目的とする、「人間主体」の教育・療法と言えるでしょう。

　この考え方に立つムーブメント教育・療法は、今や、保育の分野や幼児教育・特別支援教育・インクルーシブ教育などの教育分野、さらには、障害児・者福祉、高齢者福祉の分野など、幅広く取り入れられ、活用されてきています。認定ムーブメント教育・療法指導者の資格をもち、その専門性を発揮し、現場で活躍する支援者も増え続けています。

　本書は、このような情勢をふまえ、これからムーブメント教育・療法を学ぼうとする方が、誰でも学べるように、その内容をわかりやすく紹介するものです。これまで複数の書籍で紹介されてきたムーブメント教育・療法のエッセンスをとりあげて、あらためてやさしい言葉で解説し、保育・教育・福祉現場の支援者はもとより、これから支援者

を目指す学生、保護者のみなさんをふくめ、あらゆる立場の方々に届けるものです。また、専門性を高めたいと希望される方のために、特定非営利活動法人（NPO法人）日本ムーブメント教育・療法協会が認定する、初級指導者用のテキストとしても活用できるように、認定カリキュラムに沿った内容となっています。

　この本を手に取ってくださったみなさんが、ムーブメント教育・療法の考え方と方法をご自身のものとされ、保育者、教育者、支援者として、その有能感と生きる喜びをともに分かち合うことができることを願ってやみません。

2023年4月

特定非営利活動法人 日本ムーブメント教育・療法協会会長
国際ムーブメント教育・療法学術研究センター所長
横浜国立大学名誉教授・和光大学名誉教授　教育学博士

小林 芳文

本書の概要とJAMET認定ムーブメント教育・療法指導者資格について

1　本書の特長

　本書では、ムーブメント教育・療法をはじめて学ぶ人のために、その基礎的内容をわかりやすく解説しています。ムーブメント教育・療法は、保育や教育、療育、特別支援、福祉、医療など、多様な支援の現場で、乳幼児や児童生徒、障がいのある方や高齢者に至るまで、さまざまな方々を対象に取り入れることができる、柔軟で適用性の高い支援方法です。本書を用いて、ムーブメント教育・療法プログラムを実践するために必要な基礎的理論と方法を学ぶことができます。

2　本書の構成

1 本書は7つの章からなり、各章は、後述する表②のカリキュラムに示した科目に対応しています。いずれの章においても、ムーブメント教育・療法の基礎的理論と実践方法を紹介しています。

2 それぞれの章の扉に【本章のねらい】が書かれています。まず、この部分を読んで、その章で学ぶべきポイントについて、見通しをもつようにしましょう。

3 本書は、初めて学ぶ人にもわかりやすいように、なるべく平易な言葉を選んで書かれています。専門用語には、言い換えや、カッコ（　）などによる解説が加えられています。また、本書の最後にある「索引」を用いて、その用語が使われている箇所を探し出すと、関連する内容を学ぶことができます。

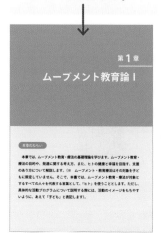

4 文章の中に「太字」で示してある文字は、ムーブメント教育・療法の基礎を学ぶうえで、特に重要な用語です。後から振り返ることができるように、マーカーなどで印をつけながら読み進めることをおすすめします。

1　はじめに「ムーブメント教育・療法」

　ムーブメント教育・療法は、ヒトが自主的、自発的に、遊活用しながら、楽しみながら動くことを通して、「からだ（身知能力）」、「こころ（情緒・社会性能力）」の調和のとれた発達

　「身体運動能力」とは、筋力や持久力、瞬発力、柔軟性、ている力そのものである身体能力と、歩く、走る、跳ぶ、転動能力のことです。

　「認知能力」とは、いわゆる知的な能力のことで、感覚か報をもとに自分や環境の状態を的確に把握し、行動するため推理、理解、計算、言語などのさまざまな力が含まれます。

　そして、「情緒・社会性能力」とは、喜び、悲しみ、驚き情の動きである情緒と、他者に関心を寄せたり、かかわった集団に参加したりなどの対人関係能力である社会性を指しま相互に関係しあって発達します。

　「ムーブメント（Movement）」とは、「運動・動き」という

5 各章の最後には、【引用・参考文献】が示されています。これは、各章の根拠となった書籍や、詳しい内容が書かれている書籍を紹介したものです。さらなる学びを深めたい場合にご活用ください。

3　本書の活用

　本書は、ムーブメント教育・療法を実践する際の土台となる内容を網羅していますが、現場における実践への応用は読者の皆さん一人ひとりにゆだねられています。実際にムーブメント教育・療法に継続して取り組み、その楽しさと成果を味わうと、初めてその意義を知ることができ、学んだ内容を自分のものとすることができます。

　また、本書は、NPO法人日本ムーブメント教育・療法協会（略称：JAMET）が設けている「認定ムーブメント教育・療法指導者資格」（表①をご参照ください）の「初級指導者養成カリキュラム」（表②をご参照ください）に準拠しており、次項に示した「認定ムーブメント教育・療法初級指導者資格取得講座」のテキストに位置づけられています。ぜひ、講座を活用し、仲間とともに学びを深め、より質の高い実践者へとご自身の専門性をアップされることを願っております。

4　JAMET認定ムーブメント教育・療法指導者資格

　NPO法人日本ムーブメント教育・療法協会では、保育や教育、療育、特別支援、福祉、医療など、あらゆる支援にムーブメント教育・療法を役立てることを目的に、表①に示した5つの「認定ムーブメント教育・療法指導者資格」を設け、ムーブメント教育・療

表①　認定ムーブメント教育・療法指導者資格について

種　　　類	概　　　　　要
認定ムーブメント教育・療法 初級指導者資格	ムーブメント教育・療法に関する基礎的理論を学び、ムーブメント環境に関する基本的な活用方法を理解し、ムーブメント教育・療法に取り組めることを協会が認定する資格
認定ムーブメント教育・療法 中級指導者資格	ムーブメント教育・療法に関する理論、ムーブメント環境に関する活用方法を身につけ、ムーブメント教育・療法が実践できることを協会が認定する資格
認定ムーブメント教育・療法 上級指導者資格	ムーブメント教育・療法の専門的知識と高度な実践力、研究能力を有し、ムーブメント教育・療法指導者に対するスーパーバイザーとしての役割を担えることを協会が認定する資格
特別認定ムーブメント 教育・療法 実践者資格	障がいのある成人（当事者）で、幼少期から家族と共にムーブメント教育・療法を楽しみ成長された方で、ムーブメント教育・療法をQOL向上の一助とする意思があることに対して協会が敬意を表し認定する資格
認定ムーブメント教育・療法 常任専門指導員	ムーブメント教育・療法に関する特に優れた実践、研究、功績等が認められ、当協会理事または支部役員会が推薦した者について、当協会理事会の承認を得て協会会長が委嘱

（出典：NPO法人日本ムーブメント教育・療法協会ホームページ）https://jamet-npo.jp/common/pdf/2022/j-qualify220826.pdf

法の専門性を有する指導者を養成しています。

5　JAMET認定ムーブメント教育・療法指導者養成カリキュラム

　表②は、NPO法人日本ムーブメント教育・療法協会が定める「認定ムーブメント教育・療法初級指導者養成カリキュラム」とそれに対応する本書の章を示したものです。ごらんのように、本書の各章は認定ムーブメント教育・療法初級指導者養成カリキュラムの各科目に対応しています。

　指導者養成カリキュラムは、より高い専門性の獲得を目指す方のために、初級からさらに、「中級指導者養成カリキュラム」、「上級指導者養成カリキュラム」へと発展的に学べるように設定されています（《参考》表をご参照ください）。なお、協会主催の「ムーブメント教育・療法実践講座」が定期的に開催されています。この講座は、「ムーブメント教育・療法指導者養成講座」を兼ねています。各資格の取得方法、講座の開催案内など、詳細については、協会公式ホームページをご覧ください。

> NPO法人日本ムーブメント教育・療法協会ホームページ
> https://jamet-npo.jp/

表②　認定ムーブメント教育・療法初級指導者養成カリキュラム

科　　　目	本書の対応箇所
1　ムーブメント教育論Ⅰ	第1章
2　ムーブメント教育・療法と遊具・教具の活用	第2章
3　感覚運動を育てるムーブメント	第3章
4　知覚運動を育てるムーブメント	第4章
5　精神運動を育てるムーブメント	第5章
6　ムーブメント教育・療法アセスメント法Ⅰ	第6章
7　ムーブメント療法論（発達障害・療育支援）	第7章
8　遊具・教具の活用Ⅰ（実習Ⅰ・演習Ⅰ）	第2, 3, 4, 5, 7章

（出典：NPO法人日本ムーブメント教育・療法協会ホームページ）https://jamet-npo.jp/common/pdf/2022/j-qualify220826.pdf

《参考　中級・上級指導者養成カリキュラム》

中級指導者養成カリキュラム科目
9　ムーブメント教育論Ⅱ
10　身体意識を育てるムーブメント
11　時間・空間意識を育てるムーブメント
12　視知覚・聴知覚を育てるムーブメント
13　ことば・数を育てるムーブメント
14　連合能力を育てるムーブメント
15　創造性を育てるムーブメント
16　社会性・コミュニケーションを育てるムーブメント
17　ムーブメント教育・療法アセスメント法Ⅱ
18　ムーブメント療法論（重度重複障害）
19　遊具・教具の活用Ⅱ（実習Ⅱ・演習Ⅱ）

（出典：NPO法人日本ムーブメント教育・療法協会ホームページ）https://jamet-npo.jp/common/pdf/2022/j-qualify220826.pdf

上級指導者養成カリキュラム科目
20　応用学
21　実践報告（レポート提出）
22　実践報告（発表：プレゼンテーション）
23　課題演習

（出典：NPO法人日本ムーブメント教育・療法協会ホームページ）https://jamet-npo.jp/common/pdf/2022/j-qualify220826.pdf

（特定非営利活動法人　日本ムーブメント教育・療法協会）

CONTENTS

第3章　感覚運動を育てるムーブメント　51

第4章　知覚運動を育てるムーブメント　63

第 1 章

ムーブメント教育論Ⅰ

　本章では、ムーブメント教育・療法の基礎理論を学びます。ムーブメント教育・療法の目的や、発達に関する考え方、また、ヒトの健康と幸福を目指す、支援のあり方について解説します。（※ムーブメント教育・療法はその対象を子どもに限定していません。そこで、本書では、ムーブメント教育・療法が対象とするすべての人々を代表する言葉として、「ヒト」を使うこととします。ただし、具体的な活動プログラムについて説明する際には、活動のイメージをもちやすいように、あえて「子ども」と表記します）。

　ムーブメント教育・療法は、ヒトが自主的、自発的に、遊具、場、音楽などの環境を活用しながら、**楽しみながら動くことを通して、「からだ（身体運動能力）」「あたま（認知能力）」「こころ（情緒・社会性能力）」の調和のとれた発達を促す教育・療育方法**です。

　「身体運動能力」とは、筋力や持久力、瞬発力、柔軟性、バランスなど、身体がもっている力そのものである身体能力と、歩く、走る、跳ぶ、転がるなど、身体を動かす運動能力のことです。

　「認知能力」とは、いわゆる知的な能力のことで、感覚から入ってくるさまざまな情報をもとに自分や環境の状態を的確に把握し、行動するための能力です。記憶、判断、推理、理解、計算、言語などのさまざまな力が含まれます。

　そして、「情緒・社会性能力」とは、喜び、悲しみ、驚き、安心など、さまざまな感情の動きである情緒と、他者に関心を寄せたり、かかわったり、さらには、協力したり、集団に参加したりなどの対人関係能力である社会性を指します。情緒と社会性の能力は相互に関係しあって発達します。

　「ムーブメント（Movement）」とは、「運動・動き」という意味ですが、訓練的な身体運動や、医学的治療訓練ではありません。対象のヒトだけでなく、支援者や保護者も含めた誰もが喜びと充実感を実感できる「人間尊重の理念に基づいた教育・療法」（小林，2007）です。これから、その内容をわかりやすく解説していくことにしましょう。

　ムーブメント教育・療法における学びには、**「動くことを学ぶ（Learn to move）」**面と、**「動きを通して学ぶ（Learn through movement）」**面があります。「動くことを学ぶ」とは、運動を通して、身体能力を高めるとともに、歩く・跳ぶ・走るなどの基本的な運動動作や、上肢・手指の操作技能などを身に付けることを含みます。一方、「動きを通して学ぶ」とは、身体を動かす際に体験する、ヒト、ものなどの環境との相互作用を通して、学ぶことができるすべてを含みます。

　例えば、ヒトは、動く際に、見る、聴く、触れるなどの多様な感覚を活用します。また動く環境にあるものの大きさ、色、形などの特徴を知覚する力を使います。さらに、他者と共に動くことで、言語・コミュニケーション、対人交流の能力を使います。また、動き方を工夫したり、手順を考えたりなど、思考力、問題解決力、創造力を使うことも

あるでしょう。また、楽しい身体運動には、快感や意欲、やり遂げた達成感などが伴います。このように、動きには、いつでもヒトが生きるために必要な力が伴います。こうして、ムーブメント教育・療法は、動きを通して、「からだ」「あたま」「こころ」の発達のあらゆる側面に働きかけるのです。

また、「調和のとれた発達を促す」とは、「からだ」「あたま」「こころ」の発達の側面が、均等な状態に発達するという意味ではありません。誰にでも、発達の凸凹はありますが、ムーブメント教育・療法では、そのヒトの好きなことや強みを生かした活動を中心にしつつ、その中に、適宜そのヒトのもつ弱さを取り込んで、相乗効果によって、どの力も伸びるように促します。その結果、そのヒトらしい、調和のとれた全人的な発達を導くことにつながります（図1-1参照）。

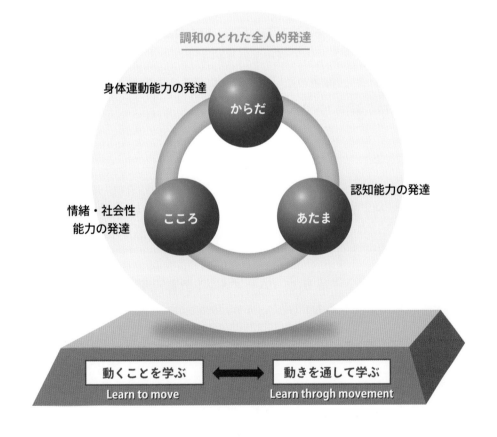

図 1-1　調和的発達を目指すムーブメント教育・療法

2 ムーブメント教育・療法の歴史

　ムーブメント教育・療法は、米国のマリアンヌ・フロスティッグ博士（M, Frostig, 1906〜1985）が、1970年に「ムーブメント教育・療法の理論と実践」を著し、体系化したものです。この理論と実践は、米国、ドイツ、英国、スイス、オーストラリア、台湾など各国で紹介され、日本においては、1977年以来、小林芳文博士により、わが国の風土に即した教育・療法として進展し、今日に至っています。

　現在、この教育・療法は、NPO法人日本ムーブメント教育・療法協会（JAMET）、国際ムーブメント教育・療法学術研究センター、大学などの教育研究者の協力のもと、多くの関連機関で活用されています。保育園・幼稚園（認定子ども園）の保育教育、特別支援学校などでの学習、障害児（者）施設での遊び活動、独立行政法人国立病院機構での重症児者の療育やQOL支援、さらには福祉施設、地方自治体での子ども・子育て支援、家族支援などのプログラムとして広く活用されています。また、その対象も、乳幼児から高齢者、発達障害児（者）、障害の重い児（者）に至るまで広がっています（NPO法人日本ムーブメント教育・療法協会ホームページより）。

3 ムーブメント教育・療法の目的

　マリアンヌ・フロスティッグ博士は、「**ムーブメント教育・療法の究極的なねらいは、ヒトの健康と幸福感の達成である**」（Frostig/小林, 1970/2007）と述べています。先にも述べたように、ムーブメント教育・療法は、動きを通して、「からだ」「あたま」「こころ」の調和のとれた発達を促すものですが、その最終目的は「発達」そのものにあるのではなく、発達の主体者である、ヒトが、生きいきと自分らしく幸せに生きることにあります。

　すなわち、自分自身の人生の主人公として、自ら意図をもち、自分のもてる力を最大限に生かして、周りのヒトやものにかかわり、それを変化させ、ヒトとかかわる楽しさや、やり遂げた喜びを味わいながら、自らの発達を引き出していくのです。動きを通して、

自らを取り巻く環境と主体的に関わる営みを積み上げて、新しい自己像をつくりあげていく過程で得られるものこそ、ムーブメント教育・療法が目指す姿なのです（図1-2参照）。

　ムーブメント教育・療法は、「結果」ではなく、「過程」を重視します。ヒトが、いかに主体的に環境にかかわって活動し、できる喜びを味わうことができているか、また、支援者がそのために必要な環境を柔軟に準備しつつ、自らもまた重要な環境の一部として、その活動の喜びを共有できているかが、問われます。そのような充実した活動の結果として、ヒトの成長発達がもたらされます。

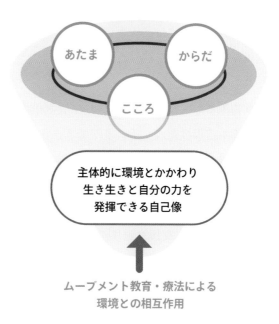

図 1-2　ムーブメント教育・療法の目的

4　ムーブメント教育・療法の特徴

　ムーブメント教育・療法の対象は、乳幼児から高齢者に至るまで、あらゆる年代が含まれます。**ムーブメント教育・療法における「発達支援」とは、いわゆるヒトの生涯発達（ヒトの一生にわたる変化）への支援をさしており、全ライフステージにおける「健康と幸福感」を目的としている**からです。

　また、ムーブメント教育・療法は、ヒトや場所、遊具や音楽など、その活動の場にかかわるあらゆる環境を用いて展開されます。ヒトが動くときには、「動きたくなる環境」が必要です。ムーブメント教育・療法では、「動きたくなる環境」を構成することにより、ヒトが自ら動いて環境に働きかけ、その結果、環境の風景に変化が生じ、さらにヒトが動きたくなるという、連続的な環境との相互作用を引き出すことで、そのヒトが発達に

必要な動きを十分体験できるように導きます。

　環境構成においては、さまざまな遊具や音楽が活用されますが、それらは内容が決められていたり、手順が限定されているわけではなく、どんな条件であっても、かかわりの工夫次第で、動きたくなる環境をつくることができます（遊具環境については、第2章で説明します）。

　さらに、支援者は、ヒトの発達の実態をアセスメントし（アセスメントとは、複数の側面から実態を把握し、支援に必要な情報を得ることを指します）、その実態に応じて、ヒトが必

動きたくなる環境「カラーボールをのせたトランポリンを使って、音楽に合わせてドラム演奏をしよう」

要な運動体験ができるように、課題（目的）をもって環境を構成し、活動プログラムを作成します。そして、それに基づいて、活動を実践します。しかしながら、プログラムは、最初の計画にこだわることなく、実践の場におけるヒトの主体性と達成感を最優先し、それを引き出せるように柔軟に変更しながら運用されることが大切です（アセスメントについては第6章で、また、アセスメントに基づく、発達に応じたプログラムの基礎的内容については、第3〜5章で説明します）。

5　フロスティッグの発達観とムーブメント教育・療法の4つの達成課題

❶ 発達観に基づく4つの達成課題

　フロスティッグは、生後8歳ぐらいまでのヒトの発達を4段階に整理しました（Frostig/小林，1970/2007）（図1-3参照）。最初は「**感覚運動段階**」であり、出生から2歳ぐらいまでの時期です。この時期に、ヒトは寝たきりの状態から、立って歩き、走るようになるなど、自分のあらゆる感覚を使って、動きを獲得していきます。

　2つめは「**言語発達段階**」であり、出生後12か月ないし18か月から3、4歳ごろまでの時期です。この時期には、ことばの獲得が爆発的に進みます。

　3つめが「知覚発達段階」であり、3歳から11歳半ぐらいまでの時期です。この時期に、ヒトは、環境にあるあらゆる情報を意味づけ、結びつけ、活用して自分の多様な発達の側面における能力を発達させます。

　そして、4つめが「高次認知機能発達段階」であり、6歳以上の時期です。この時期以降生涯にわたって、ヒトは、環境から得た情報をもとに、必要な内容を記憶して活用したり、目的に応じて計画して実行したり、選択・判断したり、柔軟に問題を解決したりなど、多様な側面の能力を総合的に発揮し、合理的で複雑な機能を実行していくことになります。

　これらの4段階は、年齢によって明確に区切られるものではなく、図1-3に示すように、相互に重なり合いながら発達していくものであり、発達段階として示されている区分は、その時期に該当する能力の発達が最も促進される時期ととらえるのがよいでしょう。さらに、これらの4つの段階に加え、生涯を通じて発達するものとして「情緒的発達」が加わります。これは、多様な感情を分化させ、他者とのかかわりを拡大する能力の発達です。

　ムーブメント教育・療法では、このフロスティッグの発達観をもとに、「感覚運動機能の向上」「身体意識の向上」「時間・空間意識、その因果関係意識の向上」「心理的諸機能の向上」の、4つの達成課題を設定しています。「達成課題」とは、発達のある時

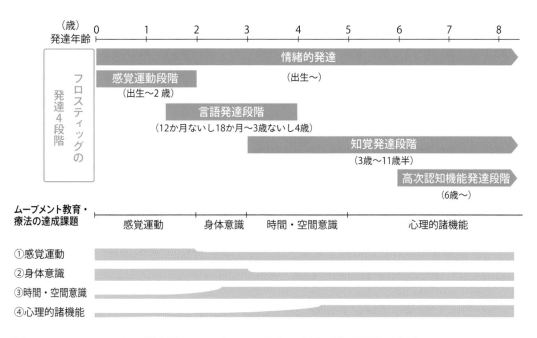

図1-3　フロスティグの発達観とムーブメント教育・療法の達成課題の関係

出典：小林他（2017）「MEPA-R 活用事例集—保育・療育・特別支援教育に生かすムーブメント教育・療法」. 日本文化科学社. p.4

期に最も効率よく伸びることが想定される能力のことです。すなわち、適切な時期にその課題に十分取り組むことで、子どもは必要な能力を獲得し、次の発達ステージへ自らその発達を伸ばしていけるようになります。

　また、それぞれの達成課題は、特定の時期にのみ取り組む課題というわけではありません。理論上、項目を分けて説明しますが、各能力は、常に発達の時期を問わず、相互に関連し合いながら発達していくものであり、実際の活動においては別々に取り上げて行うことができないものです。

❷ 感覚運動機能の向上

　ムーブメント教育・療法の達成課題の１つめは、「感覚運動機能の向上」です。ヒトは動くことでいろいろな感覚からフィードバック（自分の動きの確認）を得ます。その感覚を手がかりに、ヒトはさらにいろいろな動きを試します。これにより、感覚の活用力もさらに向上します。このように、感覚と運動は密接に結びついて発達していきます。これが、感覚運動機能の向上のメカニズムです。

　感覚には、**視覚・聴覚・触感覚・前庭感覚**（揺れの感覚）・**筋感覚・固有感覚**（関節や腱の動きをとらえる感覚）などがあります。

　また、動き（運動）も、さまざまな側面からとらえることができます。

　動きを「量」の側面から見ると、「**粗大運動**」と「**微細運動**」に分類されます。「粗大運動」とは、身体の大きな筋肉を使う運動で、「這う」「歩く」「転がる」「走る」「跳ぶ」などがあります。「微細運動」は、身体の細かな筋肉を使う運動で、「つまむ」「はじく」「書く」「切る」など、主に手指を使った操作が含まれます。

　次に、動きを「方向性」の側面から見ると、「**垂直性**」「**水平性**」「**回転性**」に分類されます。「垂直性」運動は、「跳ぶ」などのように重力に逆らって上下に移動するものです。「水平性」運動は、「這う」のように、水平面に広く移動するものです。そして、「回転性」運動は、「回る」「転がる」のように、軸を中心に回転移動するものです。

　さらに、動きの「質」の側面から見ると「**安定姿勢運動**」「**移動運動**」「**操作性運動**」に分けられます。「安定姿勢運動」とは、特定の姿勢を保持することで、「座位」「立位」「片足立ち」などが含まれます。「移動運動」は、バランスを保ちながら、身体を移動させる運動で、「はいはい」「走る」「跳ぶ」などが含まれます。「操作性運動」とは、ボールを使ったり、字を書いたりなど、ものを操作する運動全般を指します。

最後に、動きの「属性」に関する分類があります。これは、**協応性とリズム・敏捷性・柔軟性・筋力・スピード（速さ）・バランス（静的・動的・物的）・持久力**があげられます。なかでも、バランスは「平衡性」とも呼ばれます。「**静的バランス**」とは、じっと動かずにバランスをとっている状態で、安定して座ったり、立ったりし続ける際に発揮される能力です。「**動的バランス**」は、動きながら倒れないようにバランスをとっている状態で、歩いたり、ジャンプしたりするときに発揮される能力です。「**物的バランス**」とは、ものを持ったり、操作したりする際に、体勢を崩さずにいられるようにする能力です。

飛行機の姿勢に挑戦（静的バランス）

感覚運動機能の向上にあたっては、上記で述べたさまざまな側面からなる、バリエーション豊かな動きを獲得しつつ、その動きに伴う感覚の活用能力を高める体験を十分積むことが大切です。

コーンを並べた平均台をわたろう
（動的バランス）

感覚運動機能は、言語発達やより高次な認知機能の発達の基礎となる力です。「立つ」「歩く」「つまむ」などのように、ヒトの基本的な動きを中心とした感覚運動機能がもっとも急速に発達する時期は、0～2歳と考えられています。しかし、その後も引き続き、さらなる多様な動きの体験を通して、感覚運動機能の各側面における発達が拡大していきます。

うちわの上に乗せた風船を落とさずに
運ぶ活動に挑戦（物的バランス）

❸ 身体意識の向上

1）身体意識とは

フロスティッグは「ヒトは、動くことにより自分を知り世界を知る」(Frostig/ 小林, 1970/2007)と述べていますが、この動きを生み出す道具となるのは、そのヒト自身の身体です。ヒトは、自分の身体について、いろいろなことを感じ取り、いろいろな知識をもち、理解し、さらに、自分の身体を思い通りに使おうとします。このように、ヒトが自分の身体に関して把握し

ていることの総体を「**身体意識（Body Awareness）**」と言います。

　身体意識は、環境とのかかわりの中で向上します。なぜなら、ヒトは外界（環境）と接することで、初めて、外界と自分とを区別し、自分がどんな状態で、外界はどのように感じられるのかを理解するようになるからです。

　例えば、目の前に水がある場合、その水に自分の手を使って触れるという動きを通して初めて、その感触や温度が伝わります。その際に、感触や温度を受け取っている「自分」を意識し、それを与えている「環境」を理解します。さらに、手を激しく動かしてみると水しぶきが跳びます。そこで、ヒトは、水しぶきを上げる手の動きを意図的につくりだすことができ、その方法を知っている「自分」を意識し、それによって変化する水という「環境」の特性を理解するのです。

　このような体験の積み重ねによって、ヒトは、自分の身体に関する意識を向上させ、その結果、ヒトは、自分とはどのようなもので（自己意識）、環境とはどのようなものか（他者意識）を理解するようになります。まさに、フロスティッグが言うように、動くことは、自分と環境を理解するための重要な営みであり、その過程で常に新しく更新され、活用されることで発達していくのが、身体意識と言えるでしょう。

　フロスティッグによれば、**身体意識は、「身体像」「身体図式」「身体概念」の３つの機能に分類されます**（図1-4参照）。達成課題として身体意識が特に着目される時期は２歳ごろとされていますが、実際は、「身体像」能力が出生後から感覚運動機能の発達に合わせて急速に発達し、多様な運動経験と相まって、「身体図式」が顕著に発達します。さらに言語の獲得に伴い、「身体概念」が獲得されていきます。その後も、身体意識は、後から述べる時間・空間意識の発達など、他の達成課題と関連しながら、その機能が発達します。以下に各機能の詳細を説明します。

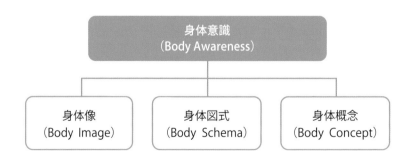

図 1-4　身体意識の 3 機能

2）身体像

「身体像（Body Image）」は、体のいろいろな感覚を通して感じられる「ありのままの自分の身体」を指します。おなかがすいている、頭が傾いている、手に何かやわらかいものが触れている、足が引っぱられているなど、身体の状態を感じ取る力です。この身体像能力は、おなかをすかせた赤ちゃんが泣くように、生後間もないころからさまざまな経験を通して獲得されます。目や、耳、触覚などの身体の表面にある感覚、また、筋感覚や前庭感覚など内部にある感覚など、身体全体のあらゆる感覚に入ってくる刺激を通して、ヒトは自分の身体が、どのような状態であるかを把握します。

また、同様に、それらの感覚を通して、自分を取り巻く環境がどのような状態であるかを知り、その環境と自分との関係も感じ取ります。例えば、赤ちゃんは、身近な誰かが歌いながら、自分を抱っこして、揺らしてくれるという遊びの中で、感覚を通して、心地よい身体の状態を感じ取り、快感情が生まれ、抱かれている自分と、抱いて揺らしてくれている他者がいること、そして、快を生み出す関係を理解します。さらに、この理解した関係性が赤ちゃんにとって嬉しいものであると、赤ちゃん自身の肯定的な自己像の獲得につながります。このように身体像は自己評価にも関連します。

3）身体図式

「身体図式（Body Schema）」は、ヒトが目的をもって動く時に、環境との関係で無意識に瞬時に頭の中でつくりだしている、常に変化する身体の動きとその結果のモデルのようなものです。ヒトは、「こういう場面では、自分の身体と環境との関係はこうなる」という計り知れない数の動きの体験を積み重ねています。そしてその体験に基づいて、ある場面で、感覚を通して入ってくる情報を瞬時に読み取り、それに合わせて刻々と動きのモデルを新たにつくりだし、それを使って自分の身体を思うように動かしていきます。例えば、服を脱ぎ着したり、低い場所をぶつからないようにくぐったり、卵をちょうどいい力で割ったりなど、身体図式能力が発達することで、その動きは、よりスムーズで、的確なものになります。

この身体図式能力は、実際に環境において能動的に身体を動かすことによって発達します。

フープトンネルをくぐろう（身体図式）

具体的には、サーキット活動などの次々と姿勢を変化させて移動する運動、ジャンプしたり、バランスをとったりする運動、はしごのぼりや平均台でのクロスわたりなどの正中線（身体の真ん中を縦に通る線）を交差して、手足を操作する運動などです。

持つ手を意識してムーブメントリボンダンスをしよう（ラテラリティ）

　その発達の過程で、ヒトは、自分の身体を中心とした、上下前後左右の方向性、ラテラリティ（「ラテラリティ」とは、大脳機能の左右差を指しますが、ここでは特に、それに伴う、身体左右の運動機能の分化を含みます。すなわち、身体の利き側（優位性）が決まり、身体の利き側と非利き側をうまく協応させて使う基礎能力が獲得された状態です）を獲得します。

　さらに、この方向性の枠組みを環境に応用し、他者やものの相互の位置関係を把握する能力が育ちます。その結果として、文字の読み書き、図形の認識など、空間の位置関係理解が必要となる教科学習の基盤となる力が育つことにつながります。

4）身体概念

　「身体概念（Body Concept）」は、ヒトが身体の事実（状態やその働き）についてもっている知識のことです。例えば、「手は2本ある（構成要素の知識）」「目は顔の中で鼻よりも上についている（位置関係の知識）」「口は、ものを食べたり、言葉をしゃべったりするときに使う（機能に関する知識）」などです。子どもに自分の絵をかいてもらうと、低年齢では、顔だけをかいたり、顔から手や足が直接生えている絵をかいたりします。6歳ぐらいになると、手指や首などいろいろな身体の部分がかけるようになります。ただし、全体としてはアンバランスな絵になります。

　このように、身体に関する事実についての客観的な知識のレベルは、より詳細で正確な内容へと発達していきます。1、2歳児期の「おててはどれ？」「おめめはどれ？」などのあてっこ遊びから、より年長になってからの、「息を吸うのはどこ？」「ものを食べるのはどこ？」など、身体の働きを当てるクイズ、「右手をあげて、左手は膝に」などのポーズ遊びなど、自分の身体部位に注目する活動を通して、身体概念

右手をあげて、左手は膝にポーズ！
（左：年長6歳児、右：年少4歳児）

を発達させることができます。

❹ 時間・空間意識、その因果関係意識の向上

　ヒトにとって、環境におけるさまざまなできごとは、すべて時間の流れや空間の広がりの中で起こります。そして、一つの事柄が原因、あるいはきっかけとなって次の事柄が起こるという、因果関係をもって体験されます。そのため、ヒトが環境との相互作用によって、自分の動きをつくりだす過程には、必ず、時間・空間意識、その因果関係意識が関連しています。逆に言うと、ヒトが、動きによって目的を果たそうとするときには、常に時間や空間を意識し、動きによって生じる因果関係を理解する必要があります。

　例えば、遠くにあるものを取りに行く時と、すぐそばにあるものを取る時では、身体の動きは異なります。空間の広がりを意識して、どのように動けばよいかを判断し、実行するからです。また、「急いで」と、「ゆっくり」では、やはり動きが異なります。時間（スピード）を意識して、動き方を決定しているからです。ボーリングのように、一定の距離に並べてあるピンをボールで倒そうとするなら、自分とピンまでの距離（空間意識）、転がるボールの速さ（時間意識）、ボールがぶつかることによって、ピンが倒れるという因果関係を想定して、投げるという動きを計画し、実行します。

　時間・空間意識、その因果関係意識は、実際に環境において、ヒトが能動的に動いてみて初めて「実感」され、獲得されるものです。鬼ごっこで、ゆっくり走れば、その結果として逃げるのに時間がかかり、鬼との距離が縮まってつかまってしまいます。逆に急いで動けば、その結果として逃げおおせることができます。広い場所では同じ方向に長く走れますが、狭い場所で逃げようとすると、次々と方向を変えなければなりません。さらに、ヒトがたくさんいる場所では、ぶつからないように空間を見つけ出し、自分の動きを瞬時に変化させなければなりません。その判断が遅れると、結果として動きが止まり、鬼につかまってしまいます。

　このように、**時間・空間意識、その因果関係意識は、身体意識能力と深く関連しています。**特定の環境がもたらす空間と時間のなかで、刻々と感覚を通して入ってくる情報に応じて、動きを瞬時にアレンジして実行するという、身体意識能力を十分活用し、

スカーフのカーテンをスクーターボードでくぐり抜けよう（空間意識と身体意識）

そこにもたらされた結果を確かめることで、時間・空間意識、その因果関係意識の向上が図られます。

てっぺんまで手が届くかな（空間意識）

身体意識との関係で獲得された時間・空間意識、その因果関係意識は、他者意識や、現実場面を離れた抽象的思考の基礎となります。実際に行ったことのない外国との距離感やその国の大きさを数値や図を見たりするだけで、イメージして理解し、比較することができるようになるのは、その基礎として、自らの動きを通して獲得した、時間・空間意識、その因果関係意識をもっているからです。

この時間・空間意識、その因果関係意識が達成課題として着目されるのは、3～5歳ぐらいの時期とされています。感覚運動機能および、身体意識の獲得が進み、言語が獲得され、能動的な環境への働きかけが顕著になる時期と言えるでしょう。

❺ 心理的諸機能の向上

1）心理的諸機能とは

「心理的諸機能」とは、小林ら（2014）によれば、「情緒・社会性機能、言語機能、視覚化の機能（ものごとを見て、記憶すること）、問題解決能力、概念化（ものごとに関するいろいろな情報を関連付けてまとまりのあるものとして整理し、それがどんなものかを理解すること）、連合の諸機能（感覚からの情報を結びつけ、判断して動くこと）など」です。次の項で具体例を説明しますが、それがすべてではありません。ヒトが、主体者として環境に働きかけ、やり遂げる喜びを主眼とするムーブメント活動は、あらゆる心理的機能の促進にかかわるものだからです。

これまでの3つの達成課題である、「感覚運動機能」「身体意識」「時間・空間意識、その因果関係意識」の発達がベースとなり、おおよそ5歳以降になると、「諸」という言葉が示す通り、より多様で、複雑な機能が着々と発達する時期を迎えます。フロスティッグの発達観で述べた、いわゆる高次認知機能が飛躍的に向上する段階を迎えるのです。この時期に、より複雑で合理的な動きに挑戦するムーブメント活動に合わせ、「自ら必要な情報を取り込み、判断し、考えて動く」という、創造的なムーブメント活動を豊富に体験することが、上記の諸機能を発達させます。

さらに、それらの活動を通して、ヒトは、自己有能感（自分は、きっとできるという

自己イメージ）を高め、主体的、能動的に周囲の人々やものにかかわり、自分のみならず、所属する社会をも変えていこうとする、「健康と幸福感」の新しいステージに進むパワーを自分の中にはぐくみます。このようにして、ムーブメント教育・療法の達成課題に取り組む過程で、人生のどのステージにおいても、社会に生きるヒトとしての力を発揮する基盤を獲得していくのです。

2）心理的諸機能の具体例

①模倣する（まねる）

模倣とは、見る、聞く力を使って、モデルを観察し、それを再現したり、似た行動を行うことです。モデルの全体的なイメージをとらえる力（情報を同時につかむ力）や、各部分を細部にわたり段取りよく確認し、組み立てる力（情報を順につかみ、整理する力）が必要です。また、モデルが消えてしまった後に模倣する際には、記憶力を使う必要があります。

友だちと力を合わせてまねをしよう（模倣）

②視覚（見る）、あるいは聴覚（聞く）と動きを連合する

連合とは、結びつけるという意味です。見たり、聞いたりした情報に結びつけて、自分の動きをつくりだすことです。合図を聞いて動く、動物の絵のカードの指令に応じて、その動物の動きをする、床に置かれたロープでできた道の上を歩く、音楽に合わせて動きを変えるなどです。

③語い（わかることば）を獲得し、活用する

ヒトは、動きをとおして、わかることばが増えていきます。「走る」「止まる」「くぐる」のように動きに関することば、「ゆっくり・はやい」のように状態を表すことば、「もっと」のように程度を表すことばなどは、動きで表されることばです。動きを用いることで、たとえ、そのヒト自身が音声言語を発することができなくても、ことばの意味を理解し、動きを通して表出し、確かめることができます。こうして、語い（わかることば）が増えていきます。

パラシュートを「くぐって」「反対側の」「同じ色」のところに行こう（ことばと動きの結びつき）

自分の身体を使って、友だちが挑戦するクモの巣を
つくろう（問題解決）

パラシュートの上のボールを力を合わせて外に出そ
う（他者との協力）

④考え、判断し、実行する

　自己選択、自己決定をし、それに従って動くことです。問題解決場面や選択性のある
環境での活動で育まれる力です。

⑤行動を切り替える

　いつもとは違う方法で動いたり、工夫を加えたりすることです。環境に変化を加える
ことで、自発的に引き出される力です。

⑥他者とかかわる、協力する

　ペアやグループで、一緒に一つの遊具を使ったり、
順番を守ったり、役割分担をしたりしながら、楽し
い動きを体験する中で、他者と活動を共有し、やり
遂げる喜びを知ることができます。喜びがベースと
なって、さらに社会性の力が伸びていきます。

⑦創造する（新しくつくりだす）、イメージする

　環境にあるさまざまな手がかりを使って、自分な
りにイメージを表現したり、新しいやり方を生み出
したりすることです。例えば、ロープや形板を使って、
建物のイメージを表現し、その中でなりきって動く、
音楽を聞いてオリジナルダンスを表現する、自分自
身で新たなサーキットコースをつくりだすなどがあ

遊具を組み合わせてクリスマスツリーを
つくろう（創造性）

ります。そのようにして生み出した動きを他者から認められると、意欲が一層かきたて
られ、繰り返し取り組み、創造性が高まっていきます。

⑧記憶し、再現する

　記憶とは見たり、聞いたり、触ったりなどいろいろな感覚を通して得られた情報を、頭の中で整理して覚えておき、必要な時に思い出して使えるようにすることです。模倣のところで述べたように、モデルをあとから思い出して再現したり、指示をいったん覚えて、その通り実行したりする活動を通して、記憶の力が発揮されます。例えば、誰かのお手本を見たあとで、自分も思い出してやってみる活動、手を叩いた数の分だけ隣の部屋からお手玉を取ってくる活動などがあります。

⑨注意を向ける、集中する

　環境の中で、必要なものに注意を集中する（焦点的注意）、不要なものには注意を向けず、必要なものだけを選んで注意を向ける（選択的注意）、必要な時間の間、注意を持続させる（継続的注意）ことです。ヒトが環境において、目的をもって動く活動には、必ずこの注意が伴います。

⑩計画し、実行する（プランニング）

　目的を果たすための段取りを考え、その通りに実行できていることを自分で確認しつつ、最後までやり遂げることです。ヒトが目的をもって動くと、必ずその結果として、環境に変化が生まれます。それを確かめながら、さらに次の動きをします。たくさんのフープが広げられた床で、あらかじめ考えておいた色の順番にフープを渡ったり、最短で向こう側にわたるルートを考えてその通り渡ったりする活動は、この力が発揮される例です。

「ぼくは、赤だけを選んでわたるよ」
「私は、黄色と青をかわりばんこにわたるよ」（プランニング）

6 発達のステージに応じた ムーブメント教育・療法のプログラム

❶ ムーブメント教育・療法における3つの発達段階別プログラム

　これまで述べたようにヒトの発達には段階（発達の流れの節目）があり、その段階に

応じて獲得すべき達成課題があります。そこで、発達支援においては、発達の実態に応じて、最も効率よく伸びると想定される能力をタイムリーに支援することが求められます。ムーブメント教育・療法では、発達の様相を「感覚運動」「知覚運動」「精神運動」の3つのステージでとらえ、各時期に適したプログラムを作成して、支援を行います。

　ここで忘れてはならないことがあります。ヒトの発達は、階段を上るように「感覚運動」→「知覚運動」→「精神運動」と進むものではありません。むしろ、それぞれの段階は、層のように積み重なっているイメージです。まず、「感覚運動」の力の層が最も早期に発達し、それが十分達成されると、それをベースに「知覚運動」の力の層が伸び、さらに、それをベースに「精神運動」の力の層が伸びるという流れです（図1-5参照）。

　さらに、本章の最初で述べたように、ヒトの発達は「からだ」「あたま」「こころ」の大きな3つの側面（発達の軸）が関連し合いながら、それぞれの能力が伸長・拡大していきますが、個人によって、その側面ごとに、発達の様相には違いがあります。例えば、「からだ」の発達は「感覚運動」段階にあり、「こころ」の発達は「精神運動」段階にあるという発達の姿を有するヒトもいます。ですから、単純に「感覚運動」「知覚運動」「精神運動」の各段階に当てはめ、パターン化したプログラムを実施するのではなく、一人ひとりの発達の全体像を視野に入れ、そのヒトに今最も適したプログラムを組み立てることが求められます。

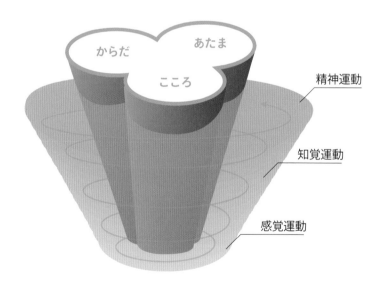

図1-5 「からだ」「あたま」「こころ」の発達の軸と、「感覚運動」「知覚運動」「精神運動」の発達ステージの関係

❷ 「感覚運動」期

　「感覚運動」期は、通常の発達では0〜2歳ぐらいの段階にあたります。第6章で詳しく紹介しますが、ムーブメント教育・療法では、ヒトの発達の状態をアセスメント（評価）するためのツールとして、「MEPA-R」が開発されています。MEPA-Rでは、感覚運動期は第1〜4ステージの発達段階にあたります。この時期は、図1-3に示すように、達成課題では「感覚運動機能の向上」および「身体意識の向上」の好適期であり、ムーブメント教育・療法では、「感覚運動ムーブメント」プログラムを導入します。

　主に、触感覚、筋感覚、固有感覚、前庭感覚などへの刺激を中心に、抗重力姿勢（重力に対して、垂直に姿勢を保持する姿勢のこと）を育てます。また、寝返りや四つ這い、歩行などの基本的な移動能力を育て、走る・跳ぶ・転がる・投げるなどの多様な粗大運動（体の大きな筋肉や関節を使う運動）へと発展させます。併せて対人関係の基礎的能力を育てます。詳しい内容は、「第3章　感覚運動を育てるムーブメント」で紹介します。

感覚運動ムーブメントの例（安定した座位と投げる動き）「カエルになって、風船を飛ばしてみよう」

❸ 「知覚運動」期

　「知覚運動」期は、通常の発達では3〜4歳ぐらいの段階にあたります。MEPA-Rでは、知覚運動期は第5〜6ステージの発達段階にあたります（第6章参照）。図1-3に示すように、感覚運動期から獲得されてきた感覚運動機能や身体意識の力がより充実するこの時期には、達成課題では「時間・空間意識、その因果関係意識の向上」の好適期となります。また、言語能力が著しく伸びる時期でもあります。ムーブメ

知覚運動ムーブメントの例（色形の知覚とバランスの力）「絵カードを見て、動物の好きな色や形のビーンズバッグを選んで食べさせよう」

ント教育・療法では、「知覚運動ムーブメント」プログラムを導入します。

　片足立ちやスキッやケンケン、平均台歩きなど、バランス能力と調整力（身体各部の動きを連携させて、スムーズに運動する力）を発揮する運動や、見たり聞いたりした情報と運動を結びつける連合運動を取り入れながら、色や形、長短、リズムや時間の遅速

などの比較力、弁別力を高め、語いの獲得を促します。詳しい内容は、「第4章　知覚運動を育てるムーブメント」で紹介します。

❹「精神運動」期

　「精神運動」期は、通常の発達では5～6歳ぐらいの段階にあたります。MEPA-Rでは、精神運動期は、第7ステージの発達段階にあたります（第6章参照）。この時期は、図1-3に示すように達成課題では「心理的諸機能の向上」の好適期であり、ムーブメント教育・療法では、**「精神運動ムーブメント」プログラムを導入**します。

　主に、課題解決や自己表現、挑戦の機会を通して、応用的で複雑な動きを身につけるとともに、記憶力、思考力、社会性、創造性などの力を育てます。詳しい内容は、「第5章　精神運動を育てるムーブメント」で紹介します。

精神運動ムーブメントの例（思考・記憶と社会性の力）「友だちと一緒に協力しながら、指示された数字・色・形と形を覚えて、形板を並べよう」

7 ムーブメント教育・療法の進め方

　「健康と幸福感」につながるムーブメント活動は、ヒトが、自ら取り組み、満足し、自己効力感を高める展開が不可欠です。すなわち、「取り組みたくなる環境」が準備され、「取り組んだ手ごたえ」が感じられ、「もっと取り組みたい意欲」が生まれるという、ヒトと環境との「好循環」が起こるための配慮が求められます。これについて、フロスティッグがまとめた、「**ムーブメント教育・療法の展開における9つの原則**」（Frostig／小林，1970/2007）に基づいて、解説します。

①「**喜びと自主性の重視**」

　最も重視される原則です。主体的で楽しく取り組めるように、笑顔と称賛、情緒的な解放が感じられる活動展開を大切にします。

②「**創造性の重視**」

決まった課題を決まった方法で行うのではなく、自分で選び、考えて、取り組もうとする、「挑戦」の要素が環境に含まれるようにします。

③「達成感の重視」

興味関心と、発達の実態に応じた達成課題をスモールステップで設定し、やり遂げた喜びを実感できるようにします。

④「注意・集中の重視」

必要な情報に注意を向け、それに集中できるように、環境における問いかけ（声のかけ方、提示の仕方、遊具の配置など）を工夫します。興味関心とのつながり、見やすさ、聞きやすさ、また時間の長さ、変化のつけ方などに留意します。

⑤「変化のある繰り返しの原則」

日々、短時間であっても繰り返し取り組む活動を通して、着実にスキル（達成課題に取り組むことによって身につき、実際場面で使いこなせるようになる技能のこと）が獲得されます。また、繰り返しの際に新たな環境の要素を加える（飛び降り台を一段高くする、移動距離を伸ばす、グループの人数を増やす、音楽リズムを変化させるなど）と、内容レベルをスモールステップでアップでき、取り組み意欲を高めることができます。

⑥「周期性のある、静と動の組み合わせの原則」

身体を大きく使って動きまわる活動と、止まって静かに落ちついて取り組む活動をリズムよく周期的に組み込みます。活動にメリハリが生まれるので自分で自分の行動をコントロールする力を発揮しやすくなり、時間意識の向上にもつながります。

⑦「競争しない原則」

誰にでも得意不得意があります。ですから、一律に競争し、勝敗を決する活動を繰り返すと、やる気をそいでしまいます。他者とではなく、むしろ過去の自分との間で行う競争が有効です。自身の活動に集中しながら、以前より「もっと」「新しく」できるようになりたいとチャレンジする環境をつくることで、発達が進みます。また、集団の中でお互いの良さを認め合い、力を合わせる活動は、ヒトとかかわる喜びと達成感を導き、社会性を高めます。

⑧「アプローチの柔軟性の原則」

活動を展開する際は、あらかじめ設定した内容や流れにこだわることのない、柔軟性が求められます。ムーブメント活動は、ヒトの主体的な環境へのかかわりにこそ発達の原動力があると考えます。指示通りに何かを「させる」ことはしません。よって、活動中のヒトの動きや反応は、千差万別で予想外のものとなることがあります。活動のねら

いを踏まえつつ、それらに素早く対応し、臨機応変に活動を展開するようにします。

⑨「遊具（もの）、ヒト、音楽などを有効活用した取り組みたくなる環境設定の原則」

　ムーブメント教育・療法のために開発されたさまざまな遊具（第2章参照）はもとより、タオルや紙など身近な生活にあるものすべてが活動環境の要素になります。またヒトの存在とその働きかけも重要な要素です。さらに、音楽（歌いかけを含む）を用いると、活動のリズムを生み出し、イメージが膨らみ、動きが活性化されます。

　このように、あらゆる要素を組み合わせて、楽しくて、ヒトが動きたくなる環境をつくることで、ヒトの「からだ」「あたま」「こころ」の機能が全体的に活性化する活動を展開できます。

取り組みたくなる環境：仲間がつくる環境でチャレンジするボールムーブメント
「みんなが作ったボールのバーを跳び越そう」

【引用・参考文献】
●小林芳文監修／是枝喜代治・飯村敦子・阿部美穂子・安藤正紀編著（2017）『MEPA-R活用事例集―保育・療育・特別支援教育に生かすムーブメント教育・療法』日本文化科学社
●小林芳文・大橋さつき・飯村敦子編著（2014）『発達障がい児の育成・支援とムーブメント教育』大修館書店
●マリアンヌ・フロスティッグ著／小林芳文訳（1970/2007）『フロスティッグのムーブメント教育・療法―理論と実際』日本文化科学社

（阿部美穂子）

第 2 章

ムーブメント教育・療法と
遊具・教具の活用

本章のねらい

　本章では、ムーブメント教育・療法における、遊具・教具活用の基本的な考え方を示します。さらに、代表的な遊具を紹介し、それぞれの遊具について、①その特徴（特性）、②ムーブメント教育・療法の4つの達成課題に応じた、活用の視点とその活用例を解説します。

1 楽しく動ける環境つくり（遊具・音楽・ヒト）の考え方

❶ ムーブメント教育・療法の遊具について

　ムーブメント教育・療法において遊具は重要な役割を担います。ムーブメント活動を楽しく展開するために、さまざまな遊具が開発されています。それらの遊具は、色や形、大きさなどさまざまなバリエーションがあり、それぞれ異なる材質が用いられており、子どもが思わず手を出したくなる、触りたくなるような工夫がなされています。遊具と出会うことで、子どもは自然に身体が動き出し、豊かな活動が展開されます。このように、**遊具からの働きかけ（誘引性）は、ムーブメント教育・療法の特徴である動的環境（子どもが自発的に動きたくなる環境、手を出したくなる環境）をつくりだす**のです。この環境との相互作用により、子どもの自主性や創造性がかきたてられ、活動の幅が広がりさまざまな遊びや支援の流れが生まれます。

　遊具は決まりきった方法で使うだけでなく、そのとき、その場にいる子どもに合わせて、自由に活用することができます。また、一つの遊具を使って展開するのはもちろんのこと、複数の遊具を組み合わせることで、ムーブメント教育・療法の楽しい環境をつくることや、変化のある繰り返し活動を可能にします。また、遊具を使うことで、ものとのかかわりの中で、自分の身体や他者を意識することにもつながります。

　このように、遊具はムーブメント活動を展開する上で欠くことのできないものですが、あくまでも主役は子どもです。そのため、まずはそれぞれの**遊具の特徴をよく理解し、活動に参加する子どもたちの発達段階や特性に合わせて遊具を活用することが大切**です。「誰のために」「何のために」「どのように」という視点を常に意識し、子どもの笑顔が広がるムーブメント環境をつくりましょう（小林他, 2021）。

❷ 動くことと音楽

　ムーブメント教育・療法において音楽もまた、重要な役割をもっています。それは、音楽が子どもの動きや意欲を引き出す重要な原動力になっているからです。音楽が流れると、自然に身体が動きだし、遊具を動かしたくなります。必ず音楽が必要ということ

ではありませんが、**音楽は動きに勇気を与える**ためになくてはならない環境です（小林・飯村, 2001）。

❸ ヒトも環境

ムーブメント教育では、「ヒト」も重要な環境です。子どもたちへの声かけや笑顔は子どもたちに安心を伝えます。時には、わたしたちの身体そのものが遊具になることもあります。そこに「居る」だけで、お互いの「環境」であり、影響を与え合っています（小林・大橋, 2010）。

2　遊具例

ムーブメント教育・療法では、子どもの発達の実態に柔軟に対応できるように工夫されたオリジナル遊具がいくつも開発されています。ここでは、NPO法人日本ムーブメント教育・療法協会と、パステル舎（本章の最後に紹介があります）が共同開発した遊具の中から、代表的なものを11種類取り上げ、それぞれの遊具の特徴や達成課題に応じた活用例を紹介します。

ただし、ムーブメント教育・療法では、専用に開発された遊具だけを使うわけではありません。タオルや風船、新聞紙、ビニール袋、ペットボトルなどの日用品など、あらゆるものが工夫次第で遊具となります。

遊具を選ぶ際には、まず、支援者自身が遊具に触れ、その特徴（素材、色、大きさ、重さ、強度など）などを確認することが大切です。実際に遊具を手に取って活動のアイデアを出し合うことで、より楽しいムーブメント活動が生まれます。

なお、この後紹介する活動例は、理論との結びつきがわかりやすいように、ムーブメント教育・療法の達成課題に分けて、解説してあります。しかし、個々の活動には、一つの達成課題のみにとどまらず、さまざまなねらいが含まれています。遊具のもつ多様な側面を十分生かして、柔軟で発展性のあるムーブメント環境を創りだしましょう。

ムーブメントパラシュート

● 特徴

　ムーブメントパラシュートは、小型（3m）中型（5m）があり、強力なナイロン製の布でつくられています。幼児や低学年、障害のある児童がつかみやすいよう、縁取り（エッジ加工）があります。感覚運動、知覚運動、精神運動すべてのプログラムに活用できます。撥水加工がされているので、プールでも使用できます。

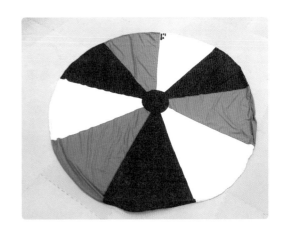

達成課題	達成課題に応じた遊具の活用例
感覚運動機能の向上	● 子どもを乗せ、横に動かしたり回転させたりする。 ● ゆっくりスライドをつけて、揺れを楽しませる。 ● 床に寝転んで上で動くパラシュートに手で触ったり、足で蹴ったりする。
身体意識の向上	● みんなで上下に動かし、外から抑えたり、中に入って抑えたりしてドームをつくる。 ● できたドームを身体をつかってつぶす。 ● 床に置いたパラシュートに身体のいろいろな部位を乗せたり、指示された色のところに入ったりする。
時間・空間意識、その因果関係意識の向上	● みんなでパラシュートを持ち、いろいろなスピードで歩いたり走ったりする。 ● いろいろな速さや強さで回したり、止めたりする。 ● パラシュートの上にボールやぬいぐるみを乗せ、高く飛ばしたり、転がしたりする。 ● パラシュートを上下に動かし、上にいっている間に、下をくぐって移動する。
心理的諸機能の向上	● 紙吹雪や風船を乗せて飛ばす。 ● タイミングを合わせてパラシュートを飛ばす。 ● パラシュートの上の友だちをみんなで動かしたり、くるんだりする。中の人はポーズをとる。

遊具例 2 ユランコ

● 特徴

　ユランコは、ハンモックのような揺れやそり遊びが体験でき、感覚刺激の活動に最適な遊具です。大型ユランコ（12cm×180cm）には14個、小型ユランコ（80cm×100cm）には6個の取っ手があるので、取っ手を持って動かすことで、集団での活動ができます。表は綿帆布で、裏は絨毯の上でも滑りやすいナイロン素材を使用しています。プールで使用可能な水抜きがあり、取り外し可能な牽引ベルトもついています。障害の重いヒトの感覚刺激には、最適な遊具です。

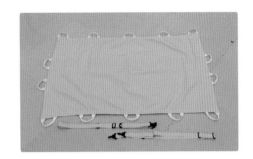

達成課題	達成課題に応じた遊具の活用例
感覚運動機能の向上	• 子どもを上に乗せ持ち上げ、前後・左右・上下に揺らす、回転させる。 • 座位、腹這い、仰向きで乗せ、床の上を引っぱる。 • プールの中でユランコに子どもを乗せ、ハンモックのように揺らす。 • 絨毯・人工芝・ボールなどの上にユランコを敷いて乗り、床からの刺激を味わう。
身体意識の向上	• 座位や腹這いで乗り、持ち手を持って倒れないようにつかまっている。 • ユランコを大きく飛ばすように床を滑らす。 • ユランコに物を乗せ、落とさないように動かしたり、運んだりする。
時間・空間意識、その因果関係意識の向上	• 子どもの乗ったユランコをゆっくり、あるいは速く動かす。 • 合図に合わせて止まったり、方向を変えたりする。 • 歌を歌ったり、数を数えたりしながら動かす。
心理的諸機能の向上	• ユランコに乗った友だちを引っぱってそり遊びをしたり、数人で持って、おみこしのように持ち上げたりする。 • ユランコを車、電車などに見立てて乗り物ごっこをする。

遊具例 3 スクーターボード

● 特徴

　スクーターボードは、ボードにキャスターがついている移動性の遊具です。腹這いや座位姿勢で乗り、加速度刺激や回転性の前庭感覚刺激（揺れ刺激）を楽しむことができます。木製やポリプロレン製などがあります。ボードの上に丈夫な箱などを乗せることで、座位保持が難しい子どもも乗ることができます。大きさはさまざまあり、連結して使えるものもあります。

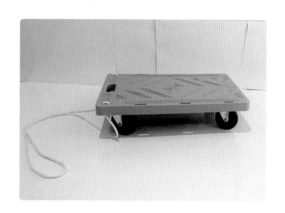

達成課題	達成課題に応じた遊具の活用例
感覚運動機能の 向上	• 子どもを腹這い・仰向きで乗せ、前後左右に動かす。 • スピードや動かす距離を変化させたりする。 • 支援者を中心に大きく円を描くように動かす。
身体意識の向上	• 手で漕いだり足でキックしたりして進む。 • 支援者と手をつないだり、棒やフープを握らせて引っぱったりしながら移動する。 • ボードに乗り、張られたロープを自分でたぐりながら進む。 • ビーンズバッグを身体に乗せて、落とさないように運ぶ。
時間・空間意識、 その因果関係意識の 向上	• 物を避けたり、拾ったり、投げたりしながら進む。 • 坂を滑る。 • 坂の下にある物を倒す。 • 上につりさげられたスカーフをくぐって進む。 • 滑ったボードを引き上げたり押し上げたりする。
心理的諸機能の 向上	• 友だちの持ったロープを引っぱったり、背中を押したりして進む。 • 腹這い姿勢でボードに乗り、友だちを追いかける。 • 大型ボード（小さいボードを組み合わせてもよい）に複数で乗る。 • 電車ごっこに見立てて声をかけ合いながら止めたり動かしたりする。方向やスピードを変えたり、乗り降りしたりする。

4 遊具例 トランポリン

● 特徴

　トランポリンには、二重のゴムテープでフレームにベッドを貼り強度のバウンドを発揮する競技用のレギュレーショントランポリン、スチール製のスプリングでキャンバスを貼った一般用のピットトランポリン、キャンバスがゴムテープによって張られた幼児用のリトルトランポリンなどがあります。空気を入れるエアトランポリンもあります。

達成課題	達成課題に応じた遊具の活用例
感覚運動機能の向上	• 介助による座位姿勢で乗り、上下の動きで揺らす。 • もう一人の支援者がジャンプしたり、足踏みしたりして揺らす。 • さまざまな姿勢で乗り、揺れを楽しむ。 • 自分でジャンプしたり、歩いたりする。 • エアトランポリン上に子どもを乗せて、膨らませたり、しぼませたりして、揺れを楽しむ。 • 膝立ち位でトランポリンの縁に手を乗せ、キャンバスをたたいて動かす。
身体意識の向上	• キャンバスにボールや楽器を置き、動かしたり、音を出したりして遊ぶ。 • 前後左右に跳ぶ。 • 跳んだり止まったりする。 • エアトランポリンに傾斜をつけて坂にして、転がる。
時間・空間意識、その因果関係意識の向上	• 音楽や声かけに合わせて跳ぶ。 • 数を数えながら跳ぶ。 • ロープやフープにつかまって、ジャンプする。 • ジャンプしながら、ボールを投げたりキャッチしたりする。 • いろいろな跳び方や着地をする。
心理的諸機能の向上	• みんなでロープや棒を持ち、一緒にジャンプする。 • 手をつないでジャンプしたり、移動したりする。 • 頭上にムーブメントパラシュートやムーブメントスカーフを広げる。 • 動物やロケットになってジャンプする。

5 遊具例 ムーブメントスカーフ

● 特徴

　ムーブメントスカーフは、柔らかくて薄いナイロン製の布です。赤・青・黄・緑・ピンクの5色です。大型（100cm×196cm）と小型（100cm×96cm）があります。透けるカラフルな色やふわふわした素材で触覚や視覚を刺激する活動やファンタジックな環境をつくりだす運動、ダンスムーブメントなどをすることができます。

達成課題	達成課題に応じた遊具の活用例
感覚運動機能の向上	• スカーフの色を楽しむ。 • 丸めたり、つかんだりして、感触を楽しむ。 • 子どもたちの前でスカーフを広げ、ゆっくり前後左右上下に揺らす。 • ロープにつけたスカーフをくぐったり、手を伸ばしてふれたりする。
身体意識の向上	• スカーフで「いないないばあ」をする。 • スカーフを上に投げ上げてキャッチする。身体のいろいろな部位でキャッチする。 • スカーフに乗り、滑りやすいフロア上で、そり遊びをする。
時間・空間意識、その因果関係意識の向上	• 1人、あるいは2人でスカーフを投げたり、キャッチしたりする。 • 2人で向かい合ってスカーフを持ち、その上に風船やビーンズバッグを乗せて飛ばす。 • 2人で持ったスカーフを合図で投げ上げ、もう1度キャッチしたり、降りてくる間に立ち場所を入れ替わったりする。 • 2人で持ったスカーフを広げてからタイミングをあわせていっしょに中に隠れる。
心理的諸機能の向上	• スカーフを身にまといお姫様や忍者に変身する。 • スカーフをつなげて輪にしてみんなで動かす。 • スカーフを洗濯したり、干したり、畳んだりして洗濯ごっこをする。 • スカーフを動かしてダンスをする。

6 遊具例 ビーンズバッグ

● 特徴

　お手玉に似た、プラスチック球が入った操作性運動遊具です。色（赤、青、黄、緑、白）や形（丸、四角、三角）、重さ（100g、150g）の違いを利用して、身体意識、視知覚運動、前教科学習の活動に取り入れることができます。付属品に布製の的（スコアーマット）があり、マジックテープでビーンズバッグがくっつくようになっています。

達成課題	達成課題に応じた遊具の活用例
感覚運動機能の向上	• 触って感触を楽しむ。　• 上に投げる、取る。 • 両手でたくさん持ち、重さを感じる。 • 足で蹴って床を滑らせる。　• 色や形の違いを見る。 • 的にくっついたビーンズバッグをもぎ取る。
身体意識の向上	• 身体部位（頭、肩、背中など）に乗せて、ビーンズバッグを落とさないように歩く。 • 座った姿勢で身体部位にたくさんのビーンズバッグを乗せて落とさないようにキープする。その後、カウントに合わせて身体に乗せたすべてのビーンズバッグを身体から落とす。
時間・空間意識、その因果関係意識の向上	• ビーンズバッグで道をつくり、その上を歩く。指示された色のビーンズバッグを全てタッチする。 • 見本と同じ位置にビーンズバッグを置く。 • 色ごと（形ごと）にビーンズバッグを集める。
心理的諸機能の向上	• ビーンズバッグをくだものや海の生き物に見立てて、ごっこ遊びを楽しむ。 • 2人でムーブメントスカーフを持ち、その上にバッグを乗せて落とさないように高く飛ばす。大人数の際は、ビーンズバッグ送りをする（2人1組でスカーフを持ち、スカーフの上に置かれたビーンズバッグを隣のペアに送る）。

7 遊具例 ムーブメントカラーロープ・プレーバンド

● 特徴

　ムーブメントカラーロープは、基本的な動きづくりから、身体意識、知覚運動、集団での活動、想像的活動まで幅広く活用できる布製の遊具です。赤、黄、青、緑の4色で、3mの短ロープと10mの長ロープがあります。

　プレーバンドは、柔らかくて伸び縮みする幅2.5cm、長さ170cmのバンドです。両サイドに手首（足首）が入る輪がついており、輪を利用して複数のバンドを連結させたり、他の遊具につけたりすることができます。色は、赤、青、黄、緑の4色があります。

達成課題	達成課題に応じた遊具の活用例
感覚運動機能の向上	• ロープ（プレーバンド）を持つ、揺らす、振動を感じる。 • ロープ（プレーバンド）を左右上下に揺らして波をつくる。 • プレーバンドを引っぱり、伸びを感じる。 • プレーバンドに鈴を取りつけ、ジャンプでタッチして音を鳴らす。
身体意識の向上	• プレーバンドの下をくぐる、上をまたぐ。 • 複数のプレーバンドでつくった道をくぐり抜ける。 • ロープの輪の中に、指示された身体部位を入れる。 • 身体の部位を使って全身でプレーバンドを伸ばす。 • ロープ（複数のプレーバンド）でつくった大きな輪をみんなで持ち、左右上下前後に動かす。
時間・空間意識、その因果関係意識の向上	• 2本のロープでつくった道の間を歩く（細い道、太い道）。 • 指示された色のロープの道を渡る。 • 複数のプレーバンドを2人で持ち、交差したバンドをくぐったりまたいだりする（プレーバンドのクモの巣くぐり）。
心理的諸機能の向上	• 自分で決めた色のロープの道を、好きな方法で歩く。 • 前の人とは違ったやり方でロープの道を歩く。 • 複数人で手をつないでロープの道を歩く。 • ロープを使って好きな形を床に描く（ロープでお絵かき）。 • プレーバンドを複数つなげて輪にしたものをみんなで持ち、後ろに引っぱる。リーダーの声かけで一斉に手を離す。

<table>
<tr><td>

8
遊具例

</td><td>

スペースマット

</td></tr>
</table>

● 特徴

　適度なストレッチ性と、クッション性があるマットです。ネオプレーンゴム製なので、滑らない構造になっています。床に並べて色々なスペースや図形をつくることができます。赤、青、黄、緑、ピンクの5色で、大サイズ（幅30cm×長さ90cm）と小サイズ（幅30cm×長さ30cm）があります。

達成課題	達成課題に応じた遊具の活用例
感覚運動機能の向上	• マットを伸ばす、丸める、振る。 • マットの上をジャンプする。マットをつなげた道の上を歩く。 • 2人でマットを持ち、引っぱり合う。
身体意識の向上	• マットの道を後ろ歩き、横歩きで歩く。 • ビーンズバッグを頭に乗せながらマットの道を歩く。 • ビーンズバッグを同じ色のマットの上に置く。 •「ひざをマットにつける」「右手は赤、左足は青」など、指示された身体部位をマットにつける。
時間・空間意識、その因果関係意識の向上	• マットの島渡りで、音楽に合わせて動いたり止まったりする。指示された色のマットを渡る。周りにワニが泳いでいる想定で、捕まらないように島を渡る。 • 床にマットをランダムに置き、音楽に合わせてマット以外の道を歩く（走る）。音が止まったら動きを止め、指示されたマットの上に立つ。
心理的諸機能の向上	• 見本と同じ形のマットをつくる。 • マットの上で好きなポーズをとる。 • マットの島渡りで、目的地を自分で決めて渡る。 • 複数のマットを組み合わせて大きな家や迷路をつくる。 • 小サイズのマットを並べて、大サイズのマットの大きさに合わせる（算数ムーブメント：図形の構成学習の一例）。 • フラフープを置いてスタートとゴールを決め、その間にマットを並べて自由に道をつくる。

ムーブメント形板

● 特徴

　発砲ポリエチレン製のソフトな素材を用いており、知覚運動や形、数などの前教科学習につなげることができる遊具です。四角形（25cm×25cm）と三角形（25cm直角）があり、それぞれに0から9までの数字が片面印刷されています。色は青、黄、ピンクの3色です。

達成課題	達成課題に応じた遊具の活用例
感覚運動機能の向上	・形板を触る、曲げる、投げる。 ・形板の上を踏みながら歩く。 ・身体部位を形板で軽くタッピングする。 ・プールの上に浮かべる。それを拾って集める。
身体意識の向上	・形板を身体に乗せてバランスをとる。 ・頭の上に乗せて落とさないように10数えたり、歩いたりする。
時間・空間意識、その因果関係意識の向上	・形や色ごとに分類する。 ・数が大きい順に並べる。 ・形板の島渡りで、指示された数の形板の上に立つ。 ・「三角の3」など、指示された形や数字を探して拾う。 ・複数の形板を使って立体的な形（箱など）をつくる。
心理的諸機能の向上	・数字が印刷されている面を下にして2枚ずつめくり、友だちと神経衰弱ゲームをする。 ・形板を使って風船をつく。風船バレーをする。 ・複数の形板を使って好きな形をつくる（アートムーブメント）。 ・音楽に合わせて形板を踏まないように歩き、音の停止でリーダーが指示を出す。「右と左合わせて10」「左右足して5になるように」などの指示に合わせて形板をタッチする（算数ムーブメント：計算学習の一例）。

<table>
<tr><td>10
遊具例</td><td>ムーブメントリボン</td></tr>
</table>

10 遊具例 ムーブメントリボン

● 特徴

リボンを動かすことで、空中にいろいろな円を描いたり、大きく振ったり、小さな波をつくったりできる操作性運動遊具です。長さ60センチの木製のスティックに3メートルのナイロンタフタ製のリボンがついており、360度回転させることができます。青・黄・緑・ピンクの4色があります。

達成課題	達成課題に応じた遊具の活用例
感覚運動機能の向上	• リボンを自由に動かす。円を描く。 • リボンの動きを見る、追視する。 • さまざまな姿勢でリボンを振る。
身体意識の向上	• リボンが床につかないように走る。 • リボンの先が自分に触れないように回転しながら動かす。左右、上下に大きく振る。
時間・空間意識、その因果関係意識の向上	• 音楽のリズムや速さに合わせてリボンを振る。 • 小さく、大きく、速く、ゆっくり動かす。 • 複数人いる場合は、リボンの色別に動き方を変える。 • リボンを振って音を出す（音楽ムーブメント）。
心理的諸機能の向上	• 波や風などをリボンの動きで表現する。 • 音楽に合わせてダンスをする（ダンスムーブメント）。 • 輪になり、タイミングを合わせて一緒に振る、順番に動かしてウェーブをつくる。 • リーダーのリボンの動きや速さに合わせて操作する。

<table>
<tr><td></td><td>遊具例</td><td colspan="2">ハットフリスビー</td></tr>
</table>

11 遊具例 ハットフリスビー

● 特徴

　ナイロン製でエッジにマジックテープがついており、室内でも安全に使用できるミット付きの操作性運動遊具です。頭にのせると帽子になることから「ハットフリスビー」と名づけられました。縁取りの色は赤、青、黄、緑、白の5色があります。遊具例6のビーンズバッグの的と組み合わせて使うことで、投げる喜びも生まれます。

達成課題	達成課題に応じた遊具の活用例
感覚運動機能の向上	• 両手でフリスビーを小さく丸め、柔らかい感触を感じる。 • フリスビーを自由に投げる。投げたフリスビーを取る。 • 床の上でスライドさせ、滑らせて遠くに飛ばす。
身体意識の向上	• フリスビーを頭にのせて落とさないように歩く。 • 2人組になりフリスビーの投げ合いをする。フリスビー受けミットを手にはめ、飛んできたフリスビーをキャッチする。反対側の手でフリスビーを相手に投げる。
時間・空間意識、その因果関係意識の向上	• ビーンズバッグ用の的をねらって投げる。ムーブメントパラシュートを的にしてねらって投げる。 • 1人が立位でフープを縦に持ち、そのフープの中を通すようにねらって投げる。 • 複数のフープを床に置き、フリスビーと同じ色のフープをねらって投げ入れる。 • フリスビーを並べて道をつくり、その上を歩く。
心理的諸機能の向上	• プールに投げ入れ、海の生き物に見立てて拾い集める。 • フリスビーをくだものなどに見立ててごっこ遊びを楽しむ。ロープに洗濯ばさみでフリスビーを止め、ジャンプしてつかみ取る。

【引用・参考文献】

● 小林芳文・飯村敦子編著（2001）『自立活動の計画と展開4　音楽・遊具を活用した自立活動』明治図書

● 小林芳文・大橋さつき著（2010）『遊びの場づくりに役立つムーブメント教育・療法─笑顔が笑顔をよぶ子ども・子育て支援』明治図書

● 小林芳文・大橋さつき・飯村敦子編著（2014）『発達障がい児の育成・支援とムーブメント教育』大修館書店

● 小林芳文・是枝喜代治・飯村敦子・雨宮由紀枝編著（2021）『運動・遊び・学びを育てるムーブメント教育プログラム100─幼児教育・保育、小学校体育、特別支援教育に向けて』大修館書店

● 小林芳文監修・著／横浜国立大学教育人間科学部附属特別支援学校編（2010）『発達に遅れがある子どものムーブメントプログラム177』学研

● 小林芳文監修／小林保子・花岡純子編著（2020）『子どもたちが笑顔で育つムーブメント療育』クリエイツかもがわ

（奥村操子・庄司亮子）

〈パステル舎について〉

　パステル舎はムーブメント教育・療法の理念に基づいた遊具の製造・販売会社です。

　パステル舎で扱う遊具はすべて日本ムーブメント教育・療法協会と提携して開発されたオリジナル製品です。製品の価格、注文方法はホームページをご確認下さい。

有限会社 パステル舎
〒248-0013
神奈川県鎌倉市材木座2-7-15
電話 0467-23-8360
FAX 0467-23-9170
E-mail pastel-sha@energy.ocn.ne.jp
Homepage http://pastel4.web.fc2.com/

第 3 章

感覚運動を育てる
ムーブメント

本章のねらい

　本章では、 まず感覚運動とは何か、および感覚運動期に伸ばしたい発達の力について解説します。引き続き、感覚運動のためのムーブメントプログラムの例を示します。

❶ 感覚運動とは

　環境との相互作用の過程で感覚と運動の力が密接に結びついて発達する能力を「感覚運動機能」と呼び、ヒトが自分と外界の状態を理解するための枠組みづくりに重要な役割を果たします。

　生後間もない赤ちゃんには、口の周りに触れた物を何でも吸う、吸てつ反射（原始反射の一種。刺激に自動的に反応してしまう動きのこと）があることはよく知られています。最初は自分の意思とは無関係に吸ってしまうのですが、そのうち、おっぱいが入る感覚と、おっぱいが入ってこない感覚の違いに気づき、おっぱい以外のものがある事実を理解します。反射が消失する生後4〜6か月頃を過ぎると、赤ちゃんは対象に応じて「吸う」「吸わない」を選ぶようになります。

　このように、ヒトが動きで環境に働きかけたときに、異なる感覚が返ってくると、ヒトは環境に何か変化や違いがあることを知ります。逆に同じ感覚が返ってくると、その動きと感覚は強く結びつき、特定の環境理解につながります。ヒトは身体を動かしては感覚と運動の関係を学び、出生時にもっている原始反射に支配されている段階から脱却して、自分の意思で自分の身体を動かす随意運動ができるようになり、環境の探索活動を拡げていきます。そして環境をさまざまに取り扱うことができる能動的な自分自身を知ることになります。

　このように、ヒトは常に、感覚と運動を使って外界と自己とを理解するのです。このような感覚運動機能が最も発達する時期が「感覚運動期」です。児童心理学者のピアジェによれば、0〜2歳の乳児期は感覚運動期にあたります。ピアジェは発達を「生物的な成長」と「成長過程の中で知識・経験を重ねたことによる成長」の両面からとらえ、この時期には、感覚運動機能を発達させるような周囲からの働きかけが必要であることを示しました（滝沢, 2011）。

　また、感覚運動期に発達するもう一つの力が、「身体意識」です。フロスティッグによれば、身体意識は、「身体像」「身体図式」「身体概念」の3つの機能に分類されています（第1章参照）。その中でも、身体像（ボディ・イメージ）は、生後間もないころからさ

まざまな経験を通して発達していきます。身体像の発達には、身体全体を使用したさまざまな「感覚運動体験」が重要です。視覚、聴覚、触覚、筋感覚などの身体表面からの刺激と姿勢（立つ、座る）や移動（歩く、走る）を通した身体内部から感じられる固有感覚刺激などにより、身体像が育てられます。

　体性感覚、固有感覚、前庭感覚は発達の初期における大切な感覚とされています。楽しい多様な活動ができるムーブメント教育・療法では、これらの感覚刺激が中枢神経（特に、脳幹（※次項を参照のこと））を活性化し、発達の土台を育てることにつながると考えています。中枢神経とは、脳と脊髄の神経をまとめた言葉で、人間にとって最も中心となる神経です。

　体性感覚には、皮膚感覚（触覚、温覚など）と深部感覚（深部圧覚、振動感覚など）が含まれています。皮膚を通して刺激されることで、身体末梢の血流が促されるだけでなく、触り・触られることによる「快い感覚」が情緒を安定させることにつながります。

　固有感覚は、筋肉や腱、関節からの感覚で、運動時の身体や姿勢の意識に役立っています。

　前庭感覚は、重力方向や加速度に対する感覚で、身体の位置や抗重力姿勢（体を起こそうとする姿勢）を維持するために、絶えずかかわっています。動きに伴う「揺れ」が前庭感覚を刺激し、揺れ刺激を自然に体験できるとヒトの笑顔などの「快反応」が引き出されます。この「快い感覚」は、それを与えてくれる他者との情緒的な結びつきを確立します。人間関係は、感覚運動刺激が土台となり育まれていくのです。

　以上のように、人間の発達初期では、動きを通してあらゆる感覚が発達し、身体意識の獲得が促進され、さらに対人関係形成の基礎となる他者への愛着が形成されます。

　上記の発達の様相を踏まえ、ムーブメント教育・療法においては、一般的な0〜2歳ぐらいの発達の段階を目安に、感覚運動を中心としたプログラムを展開します。第6章で述べる、ムーブメント教育・療法プログラムアセスメント「MEPA-R」プロフィール表で、だいたい第1〜4ステージぐらいまでの発達段階にあるヒト、あるいは「MEPA-ⅡR」で実態を把握できる障害の重いヒトの場合、ちょうど、感覚運動の力を支援する好機にあると言えるでしょう。

快反応を引き出す揺らし遊び

❷ 感覚運動期に伸ばしたい力とそのアプローチ

1）伸ばしたい3つの力

　この時期に獲得させたい能力に、①抗重力姿勢の安定、②基本の運動（粗大運動）の獲得、③人間関係の土台づくりがあります。

①抗重力姿勢の安定

　ヒトの姿勢の発達においては、**重力に抗した姿勢（抗重力姿勢：身体を垂直方向に起こしている姿勢）**が保持できるようになることが基本となります。首座り→腹這い位→座位→つかまり立ち位→立位の流れで、抗重力姿勢が発達します。抗重力姿勢を経験させることで、筋肉や関節に緊張を与え、身体軸を正常に維持する機能を支援することになります。

風船に触りたくて、座位でバランスを保とうとチャレンジする（抗重力姿勢）

　抗重力姿勢が安定すると、その姿勢に応じた移動能力を獲得する基盤ができます。さらに、視野が広がり、環境への興味関心が拡大します。また、手が自由に動くようになり、手による探索活動や操作技能も伸びていきます。

②基本の運動（粗大運動）の獲得

　粗大運動とは、身体の大きな筋肉や関節を使って歩いたり走ったり、ジャンプしたりするような運動をいいます。身体運動は、粗大運動から発達します。抗重力姿勢の獲得に伴い、手足をムズムズ、バタバタ動かす段階から、寝返り→四つ這い移動→伝い歩き→一人歩きへと、成長につれて動きが多様化します。粗大運動がスムーズにできるようになるにつれ、次第に手指の運動のように、より細かな部分の筋肉や関節を使った微細運動が発達していきます。

③人間関係の土台づくり

　ヒトは生後半年ぐらいから幼児期の間に、身近な特定の養育者との強い情緒的なきずなを形成します。これが、「愛着」で、その後成人に至るまで、対人関係をつくる際のパターンとなると考えられています。**愛着は、その養育者から安定して心地よい感覚、安心感、被受容感が得られることによって形成される**とされています。

　すなわち、感覚運動期に多様な感覚刺激によって得られる快体験は、それを提供してくれる他者との結びつきを強め、対人関係能力の土台づくりとなるのです。これが、ムー

ブメント教育・療法において、「ヒト環境」を重視するゆえんです。「感覚」「運動」「情緒」がともに関与する活動において、ヒトは、他者への期待と信頼を高め、自ら他者に働きかける力を伸ばしていきます。

2）感覚運動の発達に必要な活動内容

①豊かな揺れ感覚・前庭感覚刺激の体験活動

身体の揺れとは、前庭感覚の刺激と結びついた、加速度感覚の経験のことです。ヒトは座位ができるようになる頃から急に身体の揺れ感覚の刺激を求めるようになります。大人に抱っこしてもらったり、「たかいたかい」をされることを好んで要求したり、自らもゴロゴロ転がり遊びをしたりします。

しかし、障害の重いヒトの場合には、そのような感覚経験が不足するため、積極的に身体の揺れ感覚の運動の機会をつくる必要があります。**水平性（前後左右に）、垂直性（上下に）、回転性（円を描くように）など、多様な方向性のある豊富な揺れ感覚の体験**ができるように支援しましょう。

②身体意識、特に身体像の形成を促す活動

身体意識は、動きの拡大や自己意識（自分の心身の状態や能力について理解し、自分についてのイメージをもつこと）、**他者意識**（他者の存在に関心をもち、その心身の状態を理解したり、かかわったりすること）、**時間・空間意識**（第1章参照）**などの軸になる機能**といえます。この中の身体像（ボディ・イメージ）は、身体の内部や外部のさまざまな感覚からつくられるイメージであり、触覚や筋感覚刺激に結びつく活動、特に、触れる・触れられる、動く・動かされる快い身体活動で、より育っていきます。

パラシュートトランポリンで揺れながら身体全体を感じよう

③筋肉や関節の動きの体験活動

筋肉や腱、関節にある感覚は、身体や手足を動かす（動かされる）際に身体の位置や動きの大きさ、運動の調整、姿勢を保つ働きがあります。**筋肉や関節の動きを豊富に体験すると、身体軸（姿勢を支える身体の中心である、垂直の軸のこと）が整います**。肢体不自由があって、自分で動けない場合には、支援を受けながら、筋肉や腱、関節が動く体験ができる活動を取り入れます。

④基礎的な動きを拡大する活動

　身体の筋肉や関節を使って、体幹を支える力とバランス能力、手足の協応性（連携して、効率的に、スムーズに動くこと）などが発達する過程と相互に関連し合いながら、粗大運動ができるようになります。基礎的な粗大運動は、寝返りをする・座る・這う・立つ・歩く・走る・転がる・跳ぶというように、抗重力姿勢の獲得とともに拡大していきます。

　ヒトの行動をよく観察し、いま、その時期に伸びようとしている動きをとらえ、それを安心して、楽しく、繰り返し十分体験できるようにします。遊びや活動の環境が固定的になっていないかを常に見直して、新しい動きに挑戦できる要素を加えることが大切です。

⑤脳幹の活性化を引き出す活動

　脳幹とは、中脳、橋、延髄の総称のことをいいます（図3-1）。中枢神経系で脊髄と大脳と小脳を結びつけるもので、生命維持や自立的活動にとって欠かせない部位です。この脳幹が活性化するためには、まず、前庭迷路からの刺激と皮膚や筋、関節などの身体末梢からの感覚刺激が必要となります。つまり、前庭感覚、体性感覚、固有感覚刺激です。とりわけ、脳幹を活性化させるためには、特に大脳皮質からの楽しい刺激が必要になります。

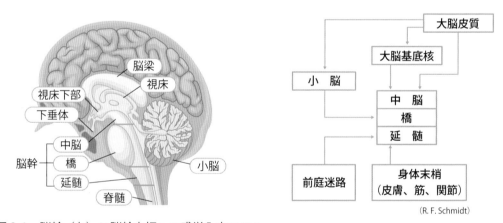

図 3-1　脳幹（左）と脳幹中枢への感覚入力モデル

出典：小林芳文（2001）『LD児・ADHD児が蘇る身体運動』大修館書店. p.93

　実際の活動では、これまで述べてきた多様な感覚への刺激をヒトが楽しく、繰り返し体験できるように、遊具や音楽、支援者から働きかけなど、あらゆる要素をヒトにとって快を引き出すように結びつけ、活動環境を構成する必要があります。すなわち、環境（ヒト、もの、音楽など）からの感覚刺激は、個々にヒトに提供されるのではなく、「このような遊具を使って」「このような人と一緒に」「このような音楽を聞きながら」「このように始まって」「このように体験する」というように、ヒトにとって、**ひとまとまりのつながりのある快体験として理解されるように、提供される必要があるのです。**

❶ ムーブメントスカーフで、いろいろな動きを引き出そう

プログラムの目的	・ムーブメントスカーフの持つ感触や色の特徴を生かして、視覚、触覚を活用する力、抗重力姿勢を保持する力、自発的に見る、手を伸ばして触れる・つかむ、移動するなどの動きを拡大する。
育てたい力	注視、追視、抗重力姿勢（腹這い、座位、膝立ち、立位など）、粗大運動、上肢の操作
対象	障害の重い児・者、0～2歳の幼児など
人数など	一人、小グループ、集団
教材・遊具	ムーブメントスカーフ、ムーブメントカラーロープ、風船、スクーターボードなど
展開例	① 仰向き、腹這い、座位、膝立ち位、立位など、子どもに挑戦させたい姿勢で、子どもの顔の前でムーブメントスカーフを広げ、ゆっくり上下、左右、前後に揺らす。また、「いないいないばあ」をする。スカーフの動きや、スカーフの向こう側に興味や関心をもたせ、スカーフをつかむ動きを引き出す。
	② スカーフをムーブメントカラーロープにつるし、①と同様にさまざまな姿勢で子どもの目の前や頭上を動かす。また、速さを変えたり、上下に動かしたりしながら進む。子どもが、手を伸ばしてスカーフを引っぱったり、顔に当たる感覚を楽しんだりするように、高さやスピードを調節する。
	③ ムーブメントカラーロープを2本用意し、子どもがロープにスカーフを掛けトンネルをつくる。つくったトンネルを這ったり、歩いたり、スクーターボードに乗ってくぐったりする。スカーフに触れながら移動する楽しさや、スカーフを通して周囲を見る面白さを味わうようにする。
	④ スカーフの上に風船を乗せ、スカーフをゆっくり、ふんわりと動かすことで、風船の動きを目で追う動きを促す。スカーフの上の風船に触れたり、自分からスカーフに風船を乗せたり、スカーフ越しに突いたりする操作を引き出す。

❷ ユランコで、いろいろな揺れを楽しもう

プログラムの目的	• 上下・左右・前後・回転などの方向性がある揺れや、加速度のある揺れなど、多様な揺れを体験し、姿勢保持の力（バランス）を育てる。 • 揺れ刺激による快感情を他者（支援者）と共有する体験を繰り返し、もっと揺らしてほしいという自発的な要求の表出を促す。
育てたい力	前庭感覚、抗重力姿勢、バランス、要求表出
対象	障害の重い児・者、0〜2歳の幼児など
人数など	一人、小グループ
教材・遊具	ユランコ、ムーブメントスカーフ、カラーボールプールなど
展開例	① ユランコの上に子どもを仰向きに寝かせ、子どもの頭側と足側を支援者がもち、ゆっくりと持ち上げ、歌いかけながら、リズムに合わせて上下、左右、垂直方向に揺らしたり、回転しながら揺らす。また、頭側だけを持ち上げ、ユランコを床の上でゆっくりと回転させ、周りの景色を楽しめるようにする。
	② 音楽に合わせて、いろいろな色のムーブメントスカーフのトンネルをくぐったり、カラーボールのプールの上をゆっくり前後左右に動かしたりする。
	③ ユランコに腹這い、あるいは座位で乗せ、そりのように引っぱって移動する。ムーブメントスカーフのトンネルやコーンなどでコースをつくり、その間を蛇行したり、スピードを変化させたりして移動する。
	④ 短い音楽や歌いかけの区切りで揺れを止め、子どもがもっとやりたい要求を身振りや表情、発声、言葉などの方法で表出するのを確認してから、再度揺らす。

※姿勢が安定しない子どもの場合は、胸腹部に三角マットを入れて安全を確かめてから行う。

※子どもの表情を確かめながら、子どもが求める刺激になるように揺れの強さを変え、揺れを十分楽しめるように配慮する。

※床におろす際や移動の際にけがをしないように、安全面に配慮する。

❸ トランポリンで、いろいろな姿勢にチャレンジしよう

プログラムの 目的	• トランポリンがもたらす、垂直性（上下）の揺れ刺激や浮遊感、振動、不安定感などの多種多様な刺激を体験し、姿勢保持（バランス）の力を伸ばす。 • マットに横たわって得られる全身への触刺激を通して、身体意識を高める。 • もっと揺らしてほしいという気持ちを引き出し、自発的な要求の表出を促す。 • トランポリンの揺れを利用して、転がったり、跳んだりする粗大運動の力を伸ばす。
育てたい力	前庭感覚、バランス、抗重力姿勢、身体意識、粗大運動、要求表出
対象	障害の重い児・者、0～2歳の幼児など
人数など	一人、小グループ
教材・遊具	トランポリン、カラーボールなど
展開例	① 子どもを座位や四つ這い位、つかまり立ち位、立位などさまざまな姿勢でトランポリンに乗せ、音楽に合わせてゆったりと揺らす。子どもが自分の姿勢を保持しようと、立ち直り反応（倒れないように自発的に姿勢を元に戻そうとする動き）が引き出されるように、揺れを調節する（※子どもが独力で姿勢を保持できない場合、寝た状態で揺らすだけでなく、支援者が身体を支えて、座位から四つ這い位へ、さらに、つかまり立ち位、そして立位へと抗重力姿勢の体験を拡大する）。
	② 数を数えながら揺らしたり、リズムに合わせて揺らしたりして、区切りのよいところで揺れを止め、子どもが揺れが止まったことに気づいて、もっとやりたい要求を身振りや表情、発声、言葉などの方法で表出するのを確認してから、再度揺らす。
	③ トランポリンのマットに横たわり、マットが沈んだ感覚の中で小刻みの振動を感じたり、カラーボールなどを入れて一緒に揺れる感覚や弾く感覚を感じたりなど、揺れ刺激をさまざまに変えて、体験できるようにする。
	④子どもと支援者が直接、あるいはフープを介して手をつなぎ、トランポリンのマット上で跳ぶ動きを引き出す。
	⑤揺れに合わせてマットの上を転がる動きを引き出す。

❹ ムーブメントパラシュートのおうちを楽しもう

プログラムの目的	• ムーブメントパラシュートがつくりだすファンタジックな空間で感じられるいろいろな、視覚、聴覚、触覚、前庭覚への刺激を楽しみながら、ムーブメントパラシュートを揺らす上肢の動きや、姿勢保持力（バランス）を高める。 • ムーブメントパラシュートの活動がもたらす快感情をほかの子どもと共有する体験を通して、他者意識を高め、ともに活動する喜びを高める。
育てたい力	注視、追視、上肢の操作、前庭感覚、バランス、他者意識、集団活動への関心
対象	障害の重い児・者、0〜2歳の幼児など
人数など	一人、小グループ
教材・遊具	ユランコ、ムーブメントスカーフ、カラーボールプールなど
展開例	① 支援者と子どもがともにパラシュートを持ち、ピンと引っぱって保持し、上下・左右への声かけのもと大きく揺らしたり小刻みに揺らしたりして、動きを楽しむ。
	② 子どもがパラシュートの内側にもぐり、音楽に合わせて、支援者がパラシュートを上下させたり、回転させたりして、色鮮やかな空間を見て楽しんだり、風圧を感じたりできるようにする。
	③ パラシュートの上に風船や紙吹雪、カラーボールなどを入れて、環境を変化させて、ファンタジックな空間を生み出し、子どもの注視、追視や自発的な操作（目と手の協応）を引き出す。
	④パラシュートに子どもを複数で乗せて座らせ、支援者がパラシュートをはためかせて、友だちと一緒に風を感じたり、パラシュートの動きを楽しむ体験を促す。
	⑤子どもを複数で乗せて、ゆっくりメリーゴーランドのように回転させたり、前後左右などの動きを入れて変化をつけて揺らしたりして、友だちと一緒に楽しみながら、姿勢を保持し続けられるように促す。

【引用・参考文献】
- 小林芳文著（2001）『LD児・ADHD児が蘇る身体運動』大修館書店
- 小林芳文監修／藤村元邦・飯村敦子・新井良保・富島茂登・小林保子編（2014）『障がいの重い児（者）が求めるムーブメントプログラム―MEPA-ⅡRの実施と活用の手引』文教資料協会
- 小林芳文・大橋さつき・飯村敦子　編著（2014）『発達障がい児の育成・支援とムーブメント教育』大修館書店
- 小林芳文編（2006）『ムーブメント教育・療法による発達支援ステップガイドMEPA-R実践プログラム』日本文化科学社
- 小林芳文監修／小林保子・花岡純子編著（2020）『子どもたちが笑顔で育つムーブメント療育』クリエイツかもがわ
- 小林芳文・是枝喜代治・飯村敦子・雨宮由紀枝編著（2021）『運動・遊び・学びを育てるムーブメント教育プログラム100―幼児教育・保育、小学校体育、特別支援教育に向けて』大修館書店
- 滝沢武久（2011）『ピアジェ理論からみた思考の発達と心の教育』幼年教育出版

（玉井春菜）

感覚運動を育てるムーブメント

3

第 4 章

知覚運動を育てる
ムーブメント

本章のねらい

　本章では、まず知覚運動とは何か、および知覚運動期に伸ばしたい発達の力について解説します。引き続き、知覚運動のためのムーブメントプログラムの例を示します。

❶ 知覚運動とは

　ムーブメント教育・療法の学びには、「動くことを学ぶ（Learn to move）」と「動きを通して学ぶ（Learn through movement）」の2つの側面があることはお話ししました。この「動きを通して学ぶ」に深くかかわるのが知覚運動です。

　まず、知覚とは、視覚、聴覚、触覚、味覚、嗅覚などの感覚器官を通じて、物事を認識したり感じたりしたことを、理解しようと意味づける機能です。ムーブメントスカーフに触れて「柔らかいなあ」や、ビーンズバッグを触って「グニャグニャしているなあ」と感じることは感覚から受ける刺激です。これらの刺激に対して、「柔らかいなあ、これはスカーフかな」「グニャグニャ、ブツブツしているなあ。中には何が入っているのだろう」と、具体的に触って物を判断したり、視覚情報で判断したり、思考したりすることを知覚と考えています。

　発達における知覚能力は、そのベースを「見る、聴く、動く」というような感覚運動段階に基礎を置き、そこから、「判断する、理解する、結びつける」というような知覚の段階へと続いていきます。この段階は、ヒトのさまざまな行動の要であり、感覚で受けとめた情報を自分の中で整理し、理解して次の行動に結びつけていく力だと考えます。ムーブメント教育・療法では、自分で判断して行動する力を育てる支援を大切にしています。知覚から得た情報を基に行動することにより知覚運動が活発になり、ヒトの発達を促進することができます。

　この知覚の能力は、およそ3歳半から7歳の間に最も発達すると、フロスティッグ（2007）は述べています。知覚機能とは、一般には、①視知覚、②聴知覚、③筋知覚、④触知覚、⑤前庭感覚が知られており、特に③、④、⑤を包含したものをハプティック（haptic）知覚と呼んでいます（小林, 2001）。ハプティック知覚は、動くことに伴って生ずる機能です。ヒトは誰でも最初は動きが

ロープをひっぱって前にすすもう

ぎこちなく、滑らかにからだを動かすことはできません。大きな遊具を上ったり下りたりするときも不安定で手や足を動かすのに時間がかかります。しかし、繰り返し遊んでいると、次第に動きが滑らかになります。動きの感じを覚え、身体姿勢や位置を意識できるようになるためにも、このハプティック知覚の活動が必要となります（小林、2001）。

　また、小林（2001）は、「子どものもっている感覚のメカニズムが洗練されていくにしたがって、ヒトの感覚は知覚のためのデータを供給するようになり、その機能が引き続いて統制された運動と結合し、知覚－運動の結びつきを形成する」と述べています。つまり、ヒトの発達は、外界から受けるあらゆる刺激を基に、外界に対する理解力を高め、動きを形成していくことで進化していくのだと考えます。この知覚機能は、3歳ごろから11歳ごろにかけてますます向上してくと考えられており、フロスティッグの発達観では、「知覚発達段階」として理論づけられています（第1章図1-3参照）。この時期には、からだも大きく成長し、さまざまなことへの理解も深まり、言葉も次々と増え、多くのヒトとのかかわりから複雑な感情も芽生えてきます。ヒトを取り巻く環境からの情報の受け取りが、大きく変化していく時期なのです。

　このような発達の様相を踏まえ、ムーブメント教育・療法においては、一般的な3歳から4歳ぐらいの発達の段階を目安に、知覚運動を中心としたプログラムを展開します。第6章で述べる、ムーブメント教育・療法プログラムアセスメント「MEPA-R」を使用して、子どもの発達の段階とその状態を知り、知覚運動の力を伸ばす段階であることを確認します。「MEPA-R」プロフィール表で、だいたい第5〜6ステージまでの発達段階にある子どもは、ちょうど、知覚運動の力を伸ばす好機にあると言えるでしょう。

❷ 知覚運動期に伸ばしたい力とそのアプローチ

　つぎに、知覚運動期の発達と伸ばしたい力について述べます。

　ムーブメント教育・療法では、「からだ」「あたま」「こころ」という3つの側面から発達をとらえています。「からだ」は運動面、「あたま」は認知面、「こころ」は情緒・社会性面の発達と考えられています。この3つの側面は非常に深くつながっています。「音楽に合わせて歩いてみましょう」というプログラムの場合、支援者の言葉を聞いて「あたま」で動きの内容を理解します。歩くことは「からだ」の力です。そして、「歩いてみたい」と「こころ」で思い、実際に歩く動きにつながります。このように、3つの側面が連合（結びついて機能する）することにより、動きが生まれるのです。

1）知覚－運動の連合

　「音楽の速さに合わせて動きましょう」という言葉がけに応じるには、聴知覚からの情報を「あたま」で受けとめ、そして「からだ」を動かします。これは、知覚と運動の連合に結びつきます。「赤いフープの中に集まりましょう」という言葉かけでは、聴知覚、視知覚の情報を得て動くこととなります。これも知覚と運動の連合の結びつきです。ムーブメント教育・療法では、このように知覚と運動が連合するプログラムが知覚運動期に位置づけられています。

音楽の速さに合わせて動きましょう

2）粗大運動の確立と多様な姿勢変化から、調整運動、微細運動の促進へ

　粘土を丸めてお団子をつくったり、ノートに文字を書いたり、足の指を曲げたり伸ばしたりするなど、**手指の微細な動きの発達は、歩く、走る、跳ぶなどの粗大運動の発達を基盤としています**。「からだ」全体の粗大運動をしっかりと行うことが、末梢神経の発達へとつながり、多様な姿勢を保つことにもつながります。「歩いてみましょう」という粗大運動を基に、つぎの段階として、「ゆっくり歩いてみましょう」と言葉をかけます。子どもたちは、足を高く上げゆっくりと下ろしていったり、足音がしないようにゆっくりと足の裏を床につけたりなどの動きを行います。このように、「ゆっくりと歩く」という課題からも、多様な姿勢の変化を促し、細かな部分まで身体各部の動きを調整する（目的に応じて、スムーズできるようコントロールする）力を伸ばすことができます。

3）バランス機能、ラテラリティの形成

　ムーブメントカラーロープのくねくね道を落ちないように歩いたり、またいだりする動き（動きを伴うので「動的バランス」と言います）、ビーンズバッグを手や肩にのせて歩く動き（物を使うので、「物的バランス」と言います）でも、バランス能力を活用する知覚運動が必要となります。

　また、**ラテラリティとは、身体の優位性（右利き、左利き）を意味し**（第１章参照）、**利き側の形成に伴って獲得される、身体の左右の概念です**（小林, 2001）。この概念により、「右足を左手で触ってみましょう」という、身体の正中線（身体の中心を上下に貫く直線）を越えて反対側に働きかける、交差性の動きもできるようになります。

4) 協応性にかかわる知覚運動

協応性とは、ある動作をする際にその目的に沿って、あらゆる筋肉や器管が協調して働く能力とされています（小林他, 2021）。例えば、椅子に座って教科学習をしたり、手での操作性活動に集中したりするためには、それを支える諸機能、すなわち、認知機能や知覚機能の発達、姿勢保持など、協応性の動きの関与が必要となります（小林・大橋・飯村, 2014）。「さあ、熊歩きをしましょう」と膝を伸ばし、腰を高く上げての四つ足歩きをする活動にも、協応性が必要となるのです。

ビーンズバッグを使って協応性とバランスに挑戦

5) 言語の獲得と活用

言葉やコミュニケーション能力を促すには、まず、その土台としての身体的要素や内言語能力などを育てることが必要です。つぎに、ヒトとヒトの結びつきや、ヒトとの関係をもとうとする意欲を高め、身振りや言葉などで表現する力を発揮できることが必要となります（小林, 2001）。

例えば、支援者は「トンボに変身してみましょう」と言葉をかけます。子どもたちは、両手を広げ、トンボを「あたま」でイメージしながら走ります。音楽が止まると「右！」と支援者は声をかけ、片足立ちを促します。「からだ」に関係する右の足を上げることにより、自分のからだの「右」を学びます。そして、バランス力も身につけます。このような活動は「動きを通して学ぶ」につながり、同時に言葉の獲得にもつながっていきます。

動物に変身だ！

支援者は「スカーフの下をトンボが通りますよ」と言葉をかけ、ムーブメントスカーフのトンネルをくぐります。「おもしろいな」と感じたヒトは、「もう一回（したい）」と伝えてくれるでしょう。この「こころ」の働きにより、ヒトから自発的に言葉が発生されます。ヒトの中にいることで、コミュニケーションの力は育っていくのです。

6）時間・空間意識、その因果関係意識の獲得と活用

　第1章で述べたように知覚運動期は、それまで獲得してきた感覚運動機能や身体意識をベースとして、時間・空間意識、その因果関係意識の獲得が進みます。見たり聞いたりした情報と運動を結びつける連合運動を取り入れながら、「はやく・おそく」「ゆっくり・急いで」「高く・低く」「大きく・小さく」のように、リズムの遅速や時間の長短、空間の広がりの違いを自らの動きで表現したり、自分を中心とした前後左右上下に手を伸ばしたり、物を置いたり、あるいは、自分自身で位置や方向を変えたりする活動をとおして、実際に自分の体を動かしながら、時間・空間意識が育ちます。

　また、いろいろな高さの台に登降したり、間を渡ったり、飛び降りてみる活動や、相手に向かってボールを転がしたり投げたり、転がってくるボールにあたらないように逃げたりなどの活動を通して、自分の動きの結果を確認しながら、時間・空間の因果関係意識を獲得していきます。

ハロウィンのおかしをゲットするぞ！

　さらに、「もっと高く」「もっと遅く」のように、時間や空間の特性を弁別したり、比較したりする言葉の内容を、動きで表現することは、前記の5）で述べた、言語の獲得の拡大を促します。

7）対人能力の拡大と集団遊びの発展

　何人かが一緒に学習する集団学習は、多くの知覚運動能力の効果を生み出します。友だちの動きを見て「あたま」で動き方を知り、模倣の力を活かして「からだ」を動かします。「できたよ」と「こころ」が動き、言葉が表出されます。

　集団遊びでは、特に「こころ」に大きく働きかけることができると言えます。例えば、さまざまな刺激に過敏に反応してしまう子どもや、予測できない出来事に対して不安になってしまう子どもたちがいます。そのような子どもたちにムーブメント教育・療法は、遊具や音楽などで環境を用意します。そして、その環境の中で、友だちが楽しそうに遊んでいる様子を見て、「自らかかわりたい」と思い、活動に参加することを可能にします。さらに、このような環境は、子どもたちに安心感を与え、集団活動に身を置きつづけることを助けます（小林他, 2014）。集団遊びは、子どもたちのヒトとのかかわりを大きく発展させてくれる場でもあるのです。

2 知覚運動の発達を支える ムーブメント活動の紹介

❶ 音楽に合わせて歩こう

プログラムの目的	・聴覚と運動の連合の力を育てる。 ・調整運動の発達を促す。
育てたい力	聴知覚、身体意識、身体模倣、バランスなど
対象	就学前、小学校低・中学年、特別支援学校小・中・高等部
人数など	一人、小グループ、集団
教材・遊具	キーボード、CD（音楽）
展開例	①音楽に合わせて、歩く。音楽が止まったら、動きを止め、次に音楽が鳴るまで、その姿勢を保つ。
	②音楽が変化したところで指示を聞き、「ゆっくり」「はやく」「大きく」「小さく」「ジャンプして」など、歩き方を変える。

バランスをとってみよう

❷ まねっこをしよう

プログラムの目的	・バランスおよびラテラリティの形成を促す。 ・動きを通して、時間・空間意識の獲得とそれにかかわる言葉の理解を促す。
育てたい力	静的・動的バランス、身体意識、身体模倣、時間・空間意識など
対象	就学前、小学校低・中学年、特別支援学校小・中・高等部
人数など	小グループ、集団
教材・遊具	ムーブメントカラーロープ
展開例	①輪にしたカラーロープを全員で持つ。
	②ロープを握ったまま、支援者のポーズをまねる。（右手上げ、片足立ち、片足またぎなど）
	③支援者の「はやく」「おそく」「右へ」「左へ」「大きく」「小さく」「高く」「低く」などの指示に合わせてロープを振ったり、送り出したり、つかまったまま姿勢を変えたりする。

ロープにつかまって、音楽に合わせ上へ、下へ

❸ プレゼントをゲットしよう

プログラムの目的	・手足の協応性の力を育てる。 ・目と手の協応性および手指の微細運動の力を育てる。
育てたい力	身体意識、動的バランス、力の調整、目と手の協応、手指操作など
対象	就学前、小学校低・中学年、特別支援学校小・中学部
人数など	一人、小グループ、集団
教材・遊具	ムーブメントカラーロープ、スクーターボード、プレゼント
展開例	①支援者は、あらかじめカラーロープに洗濯ばさみでプレゼントを挟み、ゴール地点に張っておく。 ②子どもはスクーターボードに腹這いで乗り、こぎながらロープまで進む。 ③洗濯ばさみを広げ、気に入ったプレゼントを取る。 ④スクーターボードに乗って、プレゼントを落とさないように身体に乗せ、同じように手でこいでスタート地点に戻ってくる。

よし！このプレゼントにしよう

❹ ムーブメントスカーフであそぼう

プログラムの目的	・目と手の協応性の力を伸ばす。 ・色の情報を手がかりに、動きを操作する。
育てたい力	身体意識、空間認識、目と手の協応、視覚－運動連合
対象	就学前、小学校低・中学年、特別支援学校小・中学部
人数など	一人、小グループ
教材・遊具	ムーブメントスカーフ、ビーンズバッグ
展開例	①スカーフを上に投げて、落ちてきたらつかむ。 ②スカーフを広げて下に隠れたり、自分の体のいろいろな部位に巻きつけたりする。 ③スカーフを広げて床に置き、スカーフの周りから、同じ色のビーンズバッグを投げ入れる。

スカーフを広げて下に隠れる

❺ 宝島へ行こう

プログラムの目的	・対人能力を拡大し、集団遊びの発展を促す。	
育てたい力	身体意識、協応性、空間認識、コミュニケーション力、社会性など	
対象	就学前、小学校低学年・中学年、特別支援学校小学部・中学部	
人数など	小グループ、集団	
教材・遊具	ビーンズバッグ、ムーブメントカラーロープ、ムーブメントスカーフ、プレゼント	
展開例	①ビーンズバッグを床にばらまく。	
	②友だちと手をつないで、ビーンズバッグを踏まないように進む。	
	③友だちと手をつないだまま、タイミングを合わせて、カラーロープやスカーフのトンネルの下をくぐる。	ビーンズバッグを踏まないように進む
	④友だちと相談して、プレゼントを選び、拾って戻ってくる。	

【引用・参考文献】
● 小林芳文（2001）『LD児・ADHD児が蘇る身体運動』大修館書店
● 小林芳文・是枝喜代治・飯村敦子・雨宮由紀枝編著（2021）『運動・遊び・学びを育てるムーブメント教育プログラム100―幼児教育・保育、小学校体育、特別支援教育に向けて』大修館書店
● 小林芳文・大橋さつき・飯村敦子編著（2014）『発達障がいの育成・支援とムーブメント教育』大修館書店
● マリアンヌ・フロスティッグ著／小林芳文訳（1970/2007）『フロスティッグのムーブメント教育・療法―理論と実際』日本文化科学社

（尾関美和）

第 5 章

精神運動を育てる
ムーブメント

本章のねらい

　本章では、まず精神運動とは何か、および精神運動期に伸ばしたい発達の力について解説します。引き続き、精神運動のためのムーブメントプログラムの例を示します。

1 　**精神運動を育てる**

❶ 精神運動とは

　精神運動の段階になると、高次な認知機能がかかわるより複雑で合理的な精神運動の発達がみられます。それまでに習得した「**歩く、走る、転がる、跳ぶ、投げる、蹴る**」などの「**基本的運動スキル**」を、見た情報（視覚）や聞いた情報（聴覚）と結びつけて動いたり（連合）、見て覚えた運動を模倣したり、聞いて覚えた動きを系列的に実行したり（転移）など、**知覚−運動の連合や転移**を含みます。また、時間や空間を統合したイメージを描き、そのイメージした**運動計画に沿って動く**などの活動が中心となります。

　第1章でも述べたように、精神運動が発達する時期（**精神運動期**）は、フロスティッグの発達観によると6歳以降の「**高次認知機能発達段階」の時期**であり、3歳から11歳くらいまでの「知覚発達段階」の時期とも並行しています（図5-1）。このような発達の様相を踏まえ、ムーブメント教育・療法では、発達が5歳ぐらいの段階から、精神運動を中心としたプログラムを展開します。第6章で述べる、ムーブメント教育・療法プログラムアセスメント「MEPA-R」を使用し、「MEPA-R」プロフィール表で、だいたい第7ステージの発達段階を迎えたヒトは、ちょうど、精神運動の力を伸ばす好機にあると言えるでしょう。

　ムーブメント教育・療法では、この時期に、「心理的諸機能の向上」を達成課題にしています。第1章でも説明したように、**心理的諸機能とは、「情緒・社会性機能、言語機能、視覚化の機能（ものごとを見て、記憶すること）、問題解決能力、概念化（ものごとに関するいろいろな情報を関連付けてまとまりのあるものとして整理し、それがどんなものかを理解すること）、連合の諸機能（感覚からの情報を結びつけ、判断して動くこと）など」**です。小林ら（2014）は、精神運動を育てるには、自ら必要な情報を取り込み、判断し、考えて動くという「**創造的ムーブメント**」を豊富に経験することが必要だと述べています。多様な創造的ムーブメント経験を通して、ヒトは自分のイメージや考えに基づいて活動を実行する力を育むことになるのです。

　例えば、6歳前後の子どもたちに、『きれいな海に住んでいる小さな魚たちが、力を合わせて襲いかかる大きな魚を追い払う』というお話の絵本を読んだ後、「魚になって動

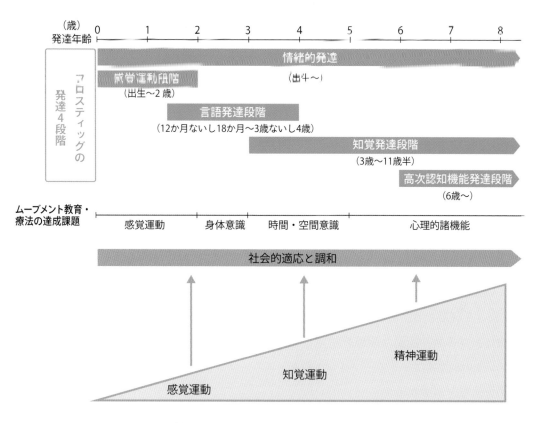

図 5-1　フロスティッグの発達観および達成課題と運動ステージの流れ

出典：小林他（2014）『発達障がい児の育成・支援とムーブメント教育』大修館書店．p.71，小林芳文他（2021）『運動・遊び・学びを育てるムーブメント教育プログラム100』大修館書店．p.4を基に著者作成

いてごらん」と問いかけてみます。子どもたちは自分のイメージする魚になりきって、走り回ったり、スキップしたり、床を這ったりして海を泳ぐ魚の様子を表現します。ムーブメントスカーフを用意すれば、ある子どもは赤いスカーフを体にまとって走り回ったり、ある子どもは緑のスカーフをひらひらさせて海藻になったりします。こうした創造的な活動は、読んだお話を記憶する力、海の様子をイメージする力、自分が体験したことのある海の波の音、潮の香りなどの感覚を連合させてより豊かなイメージを創り上げる力、海の魚や海草などの色を認識する視覚認知、自分が何になりきるかの自

図 5-2　ムーブメントスカーフで海を表現する

己決定、どの色のスカーフを使うかの自己選択などさまざまな能力の連合を含んでいるため、心理的諸機能の向上に結びついていくのです。

フロスティッグ（1970）は、「**すべての学習、特に学校の学習は、連合を形成する能力に依存している**」と述べています。例えば、教師の話を子どもが書きとる時は、聴覚と運動の連合が必要となります。音読する時は、聴覚と運動、および視覚と運動の連合が必要です。ムーブメント教育・療法で自己のイメージした運動系列に沿って動くことを学んだ子どもは、理科の実験や家庭科の調理過程でもその手順通り実行することができると考えられます。こうした高次な認知機能がかかわる**精神運動は、学童期以降のすべての学習の支えとなる重要な活動**です。

現在、ヨーロッパでは、「精神運動教育（psychomotor education）」という言葉が使われていますが、スイスのナビール（Naville）は、自分自身の身体を、思考や感情の表現手段、動きを経験する空間の基準点、環境と接触する手段としてとらえ、ムーブメント教育・療法における精神運動の領域を開発しています。この精神運動の領域には、創造的ムーブメントの他にもアートムーブメントやダンスムーブメント、音楽ムーブメントや算数ムーブメントなどがあります。

❷ 精神運動期に伸ばしたい力とそのアプローチ

1）運動機能（からだ）

①複雑な知覚−運動連合

5〜7歳児は、複数の知覚情報を同時に、または組み合わせて判断し、それまでに習得した「歩く、走る、転がる、跳ぶ、スキップする、けんけんする、投げる」などの「基本的運動スキル」と連合させて、より高度な動きや遊び、運動へと発展させていきます。

手先の動きも巧緻性を増し、例えば、お箸でつまむ、クレヨンを握って絵を描く、鉛筆で文字を書く、ハサミで線に沿って切るなどができるようになります。ハサミを使って線に沿って切る活動は、紙に描かれた線を見て、さらにハサミの動きも見ながら親指と人差し指を上下に動かすという、複雑な知覚−運動連合が必要とされます。そのため、発達性協調運動障害児や学習障害児ではハサミがうまく使えない場合があります。診断はなくても不器用であったり、動作がぎこちなかったりする子どもは数多く見受けられ、知覚−運動の連合を含むムーブメント活動の重要性がうかがえます。

複雑な知覚−運動の例としては、なわ跳び運動があります。これは、柄を握り、両手

を同時に回旋する動きと視覚と聴覚、両足の跳躍を連合する運動です。リズム感覚や聴覚・筋感覚のフィードバック、タイミングの調整が必要であり、諸機能を連合させた運動となります。はじめは、とんとんジャンプの一回旋二跳躍からスタートして、次第に跳ぶ動きを繰り返す中で跳躍リズムや筋感覚、タイミングが統合され、一回旋一跳躍へと進んでいきます。この時期に「基本的運動スキル」の習得が不十分であったり、知覚－運動の連合や転移がうまくいかなかったりすると、運動することを楽しめず、運動することから遠ざかることになり、結果的に運動スキルの発達が遅れるという状況が生じます。これを「**熟達の障壁**」と呼んでいます。特に、障害があるとバランス機能や協応性に困難さを示すことがあり、壁に当たりやすいと言えます。運動への意欲を維持するには、さまざまなムーブメント活動を楽しむことを通して「基本的運動スキル」や複雑な知覚－運動連合を育てていくことが大事だと考えられます。

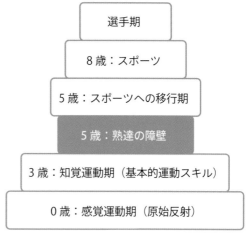

図 5-3 運動スキルの習得過程 出典：著者作成

②目的に応じた複雑で応用的な動き

　複雑な知覚－運動の連合ができるようになると、ヒトは自分が動きたいイメージに沿った運動系列を計画し、実行するようになります。また、課題を発見し、課題解決の方略を考え、動いたり、表現したりするようになります。創造的なムーブメント活動は、この目的に応じた複雑で応用的な動きの発達を支えます。例えば、クモの巣状に張り巡らせたロープの間を身体が触れないようにくぐり抜ける方法を考えて実行する活動や、何人かでムーブメントパラシュートを持ち、円形を崩さずに左右に移動するにはどうしたらよいかを考え、実行する活動などがあげられます。他にも、絵本や自然をテーマにした創作ダンスなどもあげられます。

　このように、**ヒトが、目的（描いたイメージ）に向かって自分自身が存在する時間や空間、これまで習得した基本的な運動スキル、知覚－運動の連合などを総合的に活用し、運動系列の計画をたてて実行するムーブメント活動は、精神運動の発達を促します。**しかし、発達障害のあるヒトは、左右に動くことや身体をロープに当たらないようにうまく操作

することに困難を示すことがあります。

　複雑で応用的な動きを支える基礎的な力として**身体像**と**ラテラリティ**があります。第1章でも説明しましたが、身体像（ボディ・イメージ）は、「身体内外の諸感覚を通して感じられるイメージ」の総称です。身体像は、姿勢（立つ、座る、寝るなど）や運動（歩く、走る、跳ぶなど）による身体内部からの運動感覚刺激（筋肉の動きに伴って発生する刺激）と視覚、聴覚、触覚などの身体表面からの刺激によって育てられます。特に、障害のあるヒトの中には、身体像の発達が不十分で、人を描いた絵に身体の一部が欠けていたり、他の部位に比べ小さく描いていたりする場合があります。

　ラテラリティは、利き側の形成に伴う、自分の身体の左右の理解です。この能力は、学習や生活に不可欠ですが、未発達の場合、例えば、食事をする時に「右手でお箸を持ち、左手で茶碗を持ちましょう」という指示を実行できなかったり、黒板の文字をノートに写す時に、「右手で鉛筆を持ち、左手でノートを押さえましょう」という指示に沿って動くことができなかったりすることがあります。このようなヒトには、創造的なムーブメント活動の中に左右や身体の筋感覚のフィードバックの体験を交えて活動していくことで発達が促されます。

図 5-4　円になってロープを持ち移動する

2）認知能力（あたま）

①記憶・思考力

　第1章でも述べていますが、「記憶力」とは、見たり、聞いたり、触ったりなどさまざまな感覚を通して得られた情報を頭の中で整理して覚えておき、必要な場面で思い出して使う力のことです。ピアジェ（1966）は、感覚運動期の終わり、およそ2歳から操作の段階が始まる7歳までを**前操作期**と呼んでおり、この時期から記憶力も発達します。2歳から3歳では2〜3つの数を、5歳では4つの数を覚えることができるようになります。また、4歳で数語からなる文を覚え、8歳ごろには10語程度の文を覚えることができるようになります。4歳で3つの事物を数え、10まで唱えることができます。5歳では、13個まで数え、20まで唱えることができるようになります。

7歳〜11歳は、より高次な認知機能が発達する**具体的操作**の段階と呼ばれています。この段階では、3歳半から7歳くらいまでに著しく発達してきた知覚の能力に依存することが減り、思考過程により多く依存するようになります。例えば、2つの形や大きさの違う容器に同じコップからジュースを注いだ場合、見かけに違いがあっても同じ量であることが理解できます。長さの異なるひもが3本ある場合、端を揃えて比較し、長い順に並べることができます。これは**保存の概念**が発達したためです。

5〜6歳児で「縦・横・斜め」「前・横・後ろ」などの三次元の空間認知ができ、ブロックなどで立体製作ができるようになります。時系列では、「過去・現在・未来」や「昨日・今日・明日」がわかるようになり、カレンダーや時計が生活の中で理解できるようになります。また、「大・小」の2択から「大・中・小」の3択が理解できるようになり、じゃんけん

図5-5 位置を確かめて色板をすきまに並べる

のあいこがわかるようになります。5歳では自身の「後ろ向き」からの絵が描けるようになり、6歳では、「横向き」の絵も描ける場合があります。ムーブメント活動では、いくつかの動きを指示して順番に再現することや音や形、数字などを記憶して動くことを取り入れ、記憶の発達を促していきます。

ことばや思考力の発達では、4歳では過去の出来事を話せるようになります。5歳以降は、ことばの意味を考えて行動できるようになります。出来事を断片的に話すのではなく、順序よく説明することができるようになり、相手が質問したことに答えることもできるようになります。6歳以上では、出来事を絵や文章に表すことができるようになります。ムーブメント活動の中では、自分が行った活動についてコメントしたり、自分のやりたい活動を話したりして、思考力を伸ばしていきます。しかし、学習障害や知的障害があると、記憶の容量が低く、すぐに忘れてしまう、

図5-6 ことばと思考力を育てるムーブメント
「カードに文字で書かれた野菜のシルエットはどれ？」

順序立てて話すことが苦手な場合もあります。ムーブメント活動では、実態に合わせ、取り入れる動きの数を減らす、生活の中で使われている具体物をイメージする、イラストや絵でイメージづくりを援助するなど、わかりやすく、楽しめる活動を考えていくことが大切です。

また幼児期の数概念の学習は、興味・関心を育てるために、テキストを使った机上学習ではなく、知覚や身体を使った楽しい活動を通して学ぶことが大切です。**算数ムーブメントや国語ムーブメント**は知覚と運動連合や思考や問題解決を含むヒトの数や文字への意欲を高める活動です。

②創造性

2歳以降は次第に対象物をイメージできるようになります。例えば、大きな葉っぱの上に砂を盛りつけてご飯を食べるまねをしたり、クレヨンでぐるぐる円を描き、電車だと言ったりします。これは、対象物の特徴を図式化できるようになったためです。5歳児以降は、ヒーローの姿や家族で行きたい遊園地をイメージして絵に描いたり、やりたい遊びをことばで説明したりできるようになり、創造性が発達していきます。カラースティックを見つけると、積み上げてタワー街を作り上げ、その中をキャラクターになって自由に歩き回って探検をして楽しんだりします。

図5-7 創造性ムーブメント
「いろんな遊具を組み合わせてクリスマスケーキをつくったよ」

フロスティッグ（1970）は**「教育に創造的要素を持ち込むことが重要である」**と述べていますが、創造的ムーブメントの活動は、時間、空間意識や知覚－運動の連合、他者とのかかわり、他者への共感など創造性の発達を促す要素を多く含んでいます。

③問題解決能力

ブルーナー（1966）は、**問題解決は知的発達の指標であり、いくつかの選択肢を同時に扱う能力である**と述べています。ヒトは7歳以上になると、与えられた情報からより多くの解決方法を考え出すことができるようになります。例えば、床にスタートラインとゴールラインをムーブメントカラーロープで引き、「この線の間を何種類の方法で移動できますか」と問いかけると、四つ這いで、歩いて、走って、両足ジャンプで、転がってな

ど、多様な方法を考えて移動します。こうした<u>問題解決を含むムーブメント活動の中では、高次な認知機能の発達が促されます。</u>

3）情緒・社会性機能（こころ）

①社会性（協力）

　5歳以降は、遊びの順序や取り決め、役割分担などの集団でルールのある遊びができるようになります。例えば、「鬼ごっこ」や「だるまさんがころんだ」「転がしドッジボール」や「椅子取り」などのゲームがあります。こうした遊びを通して仲間関係を築き、社会性が育っていきます。しかし、発達障害があると、仲間とのコミュニケーションが苦手であったり、ルールや順番を遵守することが苦手だったりする場合があります。

　ムーブメント活動では、ムーブメントパラシュートやムーブメントカラーロープ、ムーブメントスカーフ、ビーンズバッグなどの遊具を使い、スカーフをペアで持ちビーンズバッグリレー（図5-8参照）をする、みんなで声を出して動きを合わせムーブメントパラシュートを操作する（図5-9参照）などのグループ活動を展開し、動きの中で仲間とのやりとりができる環境をつくりだしていきます。

図5-8　社会性ムーブメント
「友だちと協力してビーンズバッグをはこぼう」

図5-9　社会性ムーブメント
「パラシュートに手を伸ばす子どもたち」

②他者理解と組織だった遊び

　ピアジェは、遊びを機能的遊び（0〜2歳）、象徴遊び（2〜7歳）、ルールのある遊び（7〜11歳）に類型しています。象徴遊びの段階では、大好きなキャラクターやあこがれのヒーローになりきって、イメージを共有し、ストーリー性のある「ごっこ遊び」をします。また、5歳以降では、「共同性」能力が育ちます。砂場で山をつくる役やトンネルを掘る役、川を流す役など分担して意見を交わし、教え合いながら「基地づくり」をするなど創造的

な造形遊びを行うようになります。時には、意見の食い違いが生じ、トラブルになることもあります。さまざまな経験の中で互いに相手の意図を理解する能力やルールを理解し遵守する能力、折り合いをつける力を身につけていきます。

他児と共同的にかかわる創造的なムーブメント活動では、仲間と協力して動くことを学びながら、その達成感や幸福感を味わうことができます。こうした力が、学童期以降の学習の基礎となっていきます。

図5-10 社会性ムーブメント
「忍者になって指令をやりとげる方法をチームで考えよう」

2 精神運動の発達を支えるムーブメント活動の紹介

活動における**教示の仕方のポイント**として、■**子どものイメージを発展させる**、②**運動課題の個性的な解き方を発見させる**、③**子どもの自由な動きの流れを生み出させる**、④**自分と環境との関係を意識させる**、⑤**感情と動きで表現させる**などがあげられます。

例えば、床に並べられたロープの上を歩いて渡る場面で「ロープの下は池でワニがいるよ」などの声かけをすると、子どもは綱渡りをしている■**イメージを膨らませる**ことができ、一歩一歩ゆっくり前に足を出したり、ぐらつく子どもは横にカニ歩きをしたり、②**自分なりの落ちない渡り方を見つけて**いくでしょう。途中でロープが交差するように並べておくことで、左へ曲がったり右へ曲がったり、③**自由に動きの流れを作り出す**ことができます。行き止まりで「どうすれば先に進めるかな」と声を掛ければ、④**自分で近くのロープを動かしてつなげたり、引き返したり**して別ルートを進むかもしれません。ゴールに着いたら⑤**喜びをポーズで表現する**ように促すと達成感が深まります。このようにプログラムの展開に併せ、教示を工夫することで、子どもが活き活きと精神運動の力を発揮するようになります。

プログラムの 目的	● 交差するムーブメントカラーロープを使って、図と地（必要な部分と不必要な部分）の弁別力を高める。 ● ロープを組み合わせる位置や歩く順番を考え、自己選択する力を育てる。 ● ロープが離れていて渡れない場面で、どう解決するか問題解決する力を育てる。 ● 自分の選択した通りにやり遂げた達成感を育てる。
育てたい力	視覚認知（図と地の弁別）、思考、問題解決、言語コミュニケーション、達成感
対象	5歳〜　（図と地の視覚認知が苦手で、図形が正しく認識できない事例）
人数など	一人、小グループ、集団
教材・遊具	ムーブメントカラーロープ4色　ハットフリスビー1枚
展開例	①子どもは自分で考えて4色のムーブメントカラーロープを床上で交差するように置く。
	②子どもは、ロープを見て自分が歩く順番を決めて「赤、青、黄」など3つの色を言う。
	③子どもは頭の上にフリスビーを1枚のせ、自分が言った色の順番にロープの上を歩く。
	④子どもが途中でロープとロープが離れていて歩けないと判断したときには、頭の上のフリスビーを離れたロープの間に置いてステップに使い、次の色のロープに飛び移り、ゴールをめざす。  図 5-11　ムーブメントカラーロープの交差した道を自分が言った色の順に歩く
	⑤ゴールしたらポーズを決める。
	⑥子どもは、教師に歩く順番の指示を出す。より難しい順番を考えて、教師が困るふりをする姿を楽しむ。

精神運動を育てるムーブメント

❷ 協力して渡ろう

プログラムの目的	• 相手とコミュニケーションをとりながら、お互いに動きを合わせる力を育てる。 • 手をつないで離さないというルールを理解し、最後までやり遂げる体験を積む。 • 他者と、相談しながら問題を解決する過程、達成感や喜びを共有する体験を積む。
育てたい力	社会性（コミュニケーション、協議、協力）、ルールの理解、問題解決、バランス、視覚－運動連合、達成感
対象	６歳児〜　（人とのかかわりやコミュニケーションが苦手な事例）
人数など	小グループ、集団
教材・遊具	ムーブメント形板、ムーブメントカラーロープ
展開例	①子どもたちが適度な間隔をあけて形板を床に並べる。スタートラインとゴールラインをムーブメントカラーロープで示しておく。
	②３人でグループをつくり、途中で手を離さないというルールで、手をつないでスタートからゴールまで形板の上を渡る。
	③途中で手を離したら戻って、再スタートする。
	④３人の中で誰が先頭になるかなどの順番や、どの形板を通るのが効率的かなどを相談して決める。 図 5-13　形板をわたる方法を考えよう
	⑤お互いに声をかけながら、落ちないように渡る。

プログラムの目的	● 自然空間の広がりの中で時間によって刻々と変化する雨や雷の様子をイメージする力、聴覚と運動を連合する力、自分の選択した遊具や教材で雨の音の強さや虹の様子、水たまりを表現する力、タイミングよく跳ぶ力など、諸機能の統合を促す。 ● フープの弾ませ方で雨の強弱を表したり、床の新聞紙を踏んで雨の音を表したり、フープを床に落として雷の音を出したり、ムーブメントスカーフをなびかせたり、フープをつなげてアーチをつくり、虹を表したりなど、他者と協力したさまざまな動きの表現を引き出す。 ※発達障害のある子どもの場合、自分の好む場所と遊具を選んで活動できる。
育てたい力	複雑な運動連合、複雑な創造的運動、動きによるイメージの表現、自己選択・決定
対象	7歳〜（協調運動が苦手な事例）
人数など	小グループ、集団
教材・遊具	フラフープ、ムーブメントスカーフ、ムーブメントリボン、新聞紙、スティックなど
展開例	①子どもは好きな色のフープやその他の音が出せる遊具を持つ。 ②以下のストーリーに沿って、思い思いにイメージを膨らませ、いろいろな音を出して情景を表現する。「これからみんなで雷雨の様子を思い浮かべて音を出してみましょう」 1）天井を見上げて、「雨がぱらぱら降ってきました」 2）「雨がざーざー降ってきました」 3）「雷が鳴っています」 4）「雨が止んできました」 5）「虹が出てきました。虹をつくってみましょう」 6）「水たまりができました。水たまりをつくってみましょう」 7）「水たまりを跳ぶ子がいます。みんなで水たまりを見つけて跳んでみましょう」 図 5-14　フープで床を叩いて音を出す

【引用・参考文献】

● J.ウィニック著／小林芳文・永松裕希・七木田敦・宮原資英訳(1992)『子どもの発達と運動教育—ムーブメント活動による発達促進と障害児の体育』大修館書店

● 小林芳文監修／是枝喜代治・飯村敦子・阿部美穂子・安藤正紀編著(2017)『MEPA-R活用事例集—保育・療育・特別支援教育に生かすムーブメント教育・療法』日本文化科学社

● 小林芳文・大橋さつき・飯村敦子編著(2014)『発達障がい児の育成・支援とムーブメント教育』大修館書店

● 小林芳文著(2014)『LD児・ADHD児が蘇る身体運動』大修館書店

● 小林芳文・是枝喜代治・飯村敦子・雨宮由紀枝編著(2021)『運動・遊び・学びを育てるムーブメント教育プログラム100—幼児教育・保育、小学校体育、特別支援教育に向けて』大修館書店

● マリアンヌ フロスティッグ著／小林芳文訳(1970/2007)『フロスティッグのムーブメント教育・療法—理論と実際』日本文化科学社.

● 相良順子・村田カズ・大熊光穂・小泉左江子著(2018)『保育の心理学—子どもたちの輝く未来のために』ナカニシヤ出版

（大塚美奈子）

第 6 章

ムーブメント教育・療法
アセスメント法 I

　ムーブメントプログラムの実践にあたっては、対象者の発達課題を見極め、それに適した内容を取り入れるため、アセスメント（実態把握）が欠かせません。本章ではまず、アセスメントの意義について述べ、引き続き、アセスメントの実際について「MEPA-R」、および「MEPA- II R」を中心に解説します。

　（※ MEPA とは、Movement Education and Therapy Program Assessment の略です。）

1 アセスメントとは何か

❶ アセスメントの目的

　アセスメント（assessment）とは、日本語で「評定」や「査定」と訳され、その主な意味は、客観的に対象の状態を調べることを指します。「環境アセスメント」「リスクアセスメント」という言葉もあるように、対象はヒトとは限りません。対象が何であっても、その**現状や課題を明らかにし、どのような対応（支援）がよいかを知る手がかりを得たり、また、その対応（支援）によって、対象にどんな効果や影響がもたらされたかを把握したりするために実施する**ものです。つまり、単に評定結果を出して終わるのではなく、その結果を生かして、何らかの対応や支援を行うことを前提に実施します。

　アセスメントは、事前に行うことはもちろんですが、事後にも行い、その対応や支援の効果を確認し、それをもとに対応や支援の内容や方法を改善するためにも用います。さらに、定期的に実施することで、対象が対応や支援によって、どのように変化していくかを把握するためにも活用します。

❷ アセスメントの方法

　アセスメントにはさまざまな方法があります。支援の現場で最もなじみのある方法は、「**観察**」です。身近な支援者（教師や保育者、家族など）は、対象者の体の状況や動き、振る舞い方、言葉などを日頃から観察し、その状態を把握しており、ちょっとした変化にも気づくことでしょう。このように、毎日変化する対象者の実態をしっかり観察することは、アセスメントの基本です。

　しかしながら、観察から得られる情報は、支援者によって異なることもあります。なぜなら、観察は主観的な判断を含むからです。発達や障害について専門的知識を獲得している支援者であれば、観察から、対象者が今どのような課題を抱えているかを的確に理解できるかもしれません。しかし、その判断基準は、あくまでもその支援者の中に培われた「経験」に基づいており、客観的な裏付けを示すことはできません。そのため、他の支援者と得られた結果を共通理解することが難しいのです。

そこで、誰もが対象者の実態を客観的に把握し、共通理解できる方法が必要になります。そのために用いられるのが、**アセスメント・ツール**です。ツールとは、道具という意味です。アセスメント・ツールは、チェックリストのように簡便に使えるものから、知能検査のように専用の器具を用いて、トレーニングを受けた検査者だけが実施するものなどさまざまです。しかし、使用や結果の解釈に高度な専門性が必要なツールは、頻繁に使うことは難しくなります。そこで、対象者とともに行う日々の活動の中で、支援者による観察を生かして実施できるアセスメント・ツールが求められます。ポイントは、実践の場で、「場所や時間を問わず」「繰り返し」「誰にでも」使えることです。本章で紹介するMEPA-RおよびMEPA-ⅡRは、そのような使いやすいアセスメント・ツールの一つです。

❸ アセスメント・ツールを用いる際の留意点

1）目的に応じたアセスメント・ツールを選ぶ

　アセスメント・ツールには、それが開発された目的があります。よって、アセスメント・ツールを使う目的が、アセスメント・ツール自体の目的と一致している必要があります。例えば、MEPA-RおよびMEPA-ⅡRは、対象者の発達状態を複数の側面からチェックし、全体像をとらえるようにつくられています。これは、支援者が、対象者の発達を毎日の多様な活動の中で総合的に支援するために活用することを目的にしているからです。

2）支援のために必要な情報を把握する

　教育や保育、療育の現場では、支援の手がかりを得ることが最も大きな目的です。よって単に「何かができる、できない」をチェックさえすれば、支援に必要な情報がすべて手に入るわけでありません。対象者の行動を観察しながら、それが、いつ、どのような場面で誰がどんな働きかけをしたらできたのか、あるいは、できなかったのかなど、環境との相互作用との観点で調べることが大切です。また、対象者のこれまでの経験や、興味関心、好きなこと、得意なことも、支援につながる大切な情報です。

3）アセスメントの限界を知る

　アセスメント・ツールに客観性があるとしても、実際にアセスメントを行うのは生身の人間です。また、対象者のその日の体や心の調了、アセスメントを行う側との相性なども、対象者の行動に影響します。ある時点で行ったアセスメントの結果は、その時点

の対象者の状況や、環境の影響を反映したものとなっていますから、アセスメントの結果を絶対的なものとしてとらわれすぎないことが大切です。ぜひ、一人の支援者だけでなく、複数の支援者がチームで、いろいろな場面でアセスメントを行うことをおすすめします。お互いのアセスメント結果を持ち寄って協議することで、より的確なアセスメント結果が得られます。

4）可能性を見出す

　アセスメントの読み取りにあたっては、対象者の成長・発達の可能性を見出すことが最も大切です。MEPA-RおよびMEPA-ⅡRのように、発達状態を把握するアセスメント・ツールであれば、チェックした項目がもつ、発達上の意味や前後の項目とのつながり、さらには、他の発達面との関係性など、広い視野をもって理解することで、対象者の伸びようとしている力がとらえやすくなります。

（阿部美穂子）

2 MEPA-R：ムーブメント教育・療法プログラムアセスメント

❶ MEPA-Rの目的と特色

　MEPA-R（メパ・アール：Movement Education and Therapy Program Assessment-Revised）は、対象者の「からだ（身体運動能力）」「あたま（認知能力）」「こころ（情緒・社会性能力）」の発達の実態を把握し、ムーブメント教育・療法による支援の指針（手がかり）を得ることを目的としています。1985年に開発されたMEPA（メパ）の改訂版です。MEPA-Rを活用することにより、対象者に適した具体的な支援プログラムを作成することができます。

　MEPA-Rは、「運動・感覚」「言語」「社会性（情緒を含む）」の3分野と、その下位領域である「姿勢」「移動」「技巧」（以上「運動・感覚」分野）、「受容言語」「表出言語」（以上「言語」分野）、「対人関係」（以上「社会性」分野）の6領域により構成され、複数の側面から発達の全体像（広がり）をとらえることができます。加えて、MEPA-Rの適用

範囲である0〜72か月の期間は、7つのステージに分割
されているので、発達を流れ（連続性）でとらえるこ
とができます。また、アセスメントの項目の大部分が
日常の生活・活動や遊び場面での観察により評定でき
るように設定されています。

　さらに、MEPA-Rは、対象者の「強み（ストレングス）」
（得意なこと・好きなこと）に目を向け、支援の中核に
据えるというムーブメント教育・療法の考えに基づい
ています。ポジティブな評価のもと、できている項目、
力が伸びつつある項目を把握しやすいように、後述す
る「プロフィール表」を活用します。

図 6-1　MEPA-R

出典：日本文化科学社
https://www.nichibun.co.jp/seek/
kensa/mepaR.html

❷ MEPA-Rの内容

　運動・感覚分野では、対象者の運動と感覚の機能が切り離せない関係にあることから、
これらをまとまった機能としてとらえて、アセスメントします。この機能は、認知能力
や言語能力の発達の基盤となるものです。他の発達分野における機能を遂行する手段と
なる能力であり、ヒトの「健康のサイクルをつくるための引き金となる能力」とされま
す（飯村, 2017）。運動機能の発達は、身体の大きな筋肉や関節を使って動く粗大運動から
始まり、次第に手指運動のような微細運動が発達します。

　動きを伴わない安定した姿勢保持能力は、「姿勢領域（Posture）：30項目」、動きを伴

表 6-1　MEPA-R の構成

分　野	領　域	内　容
運動・感覚	姿　勢 移　動 技　巧	• 非移動・主に静的な活動 • 主に動的な活動（ものを媒介としない） • ものを媒介とする操作性のかかわる活動
言語	受容言語 表出言語	• 語い、関係用語、比較用語、指示の理解など • 語い、関係用語、比較用語の表出など
社会性 （情緒含む）	対人関係	• 主に対人的な反応や対人関係

出典：小林他（2017）p.23

う運動能力は「移動領域（Locomotion）：30項目」、操作能力は「技巧領域（Manipulation）：30項目」で評価します。

　言語分野では、受容言語と表出言語の2つの側面からアセスメントします。受容言語は、いわゆる「そのヒトに伝わることば」、表出言語は、「そのヒトが伝えることば」です。言語発達では、具体的な経験の中で、感覚を通して環境のさまざまな情報を受け取り、それを弁別、判断して動く「ことばの基礎力」が育ち、同時にその経験に伴う語い（意味がわかることば）を獲得します。さらに他者とかかわる自発的な動きに伴い、自ら獲得した語いの表出が拡大します。これを踏まえ、MEPA-Rでは、ヒトの環境への関心に始まり、身体にかかわることば、動きを伴う時間意識、空間意識にかかわることばなどに着目し、その発達をとらえます。

　社会性（情緒を含む）分野では、対人関係面での育ちを中心にアセスメントします。身体運動、視覚・聴覚反応、表情・しぐさ、発声・発語など、ヒトの動的環境（遊具）や人（集団）とかかわる力を把握します。

❸ MEPA-Rの運動発達ステージと発達課題

　MEPA-Rは、人間の発達にはそれぞれの時期における区切り、すなわち「発達の節」があるという考えから、**0～72か月までの運動発達を軸に系列化した7ステージに分けて整理**します。それに基づき、対象者がどの段階に位置するのか、発達課題は何かを明らかにすることができます。

　第1ステージにおける発達のポイントは、首の座り（定頸）と寝返りの促進です。

　第2ステージでは、座位姿勢と四つ這い位、腹這い移動、起き上がりなどの平衡反応（体のバランスが崩れたときに、手や足を伸ばして、倒れないようにバランスを保とうとする反応）および水平・垂直移動がみられるかがポイントです。

　第3ステージでは、立位での平衡反応、身体支持機構が確立しているかがポイントです。

　第4ステージでは、歩く、走る、跳ぶなど、多様な粗大運動ができるか、また、身体の左右両側を十分に使用する両側運動機能を発揮しているかがポイントです。

　第5ステージでは、粗大運動から微細運動の発達に至る段階で、つま先で立てるか、片足立ちに代表されるバランス運動ができるかなどがポイントです。

　第6ステージでは、視覚や聴覚からのさまざまな感覚情報を運動と連合できるようになり、見て聞いて判断して動くことや、手指機能に代表される微細運動（指対立運動）

表6-2 MEPA-R の運動発達ステージと発達課題

分　野	領　域	内　容
第1ステージ （原始反射支配ステージ）	0〜6か月	● 反射性成熟と抑制、首の座り（定頸）の促進、寝返りの促進
第2ステージ （前歩行ステージ）	7〜12か月	● 立ち直り反射、平衡反応の誘発と促進（座位・四つ這い位）、水平移動促進（腹這い・手這い）、垂直運動促進（起き上がり・つかまり立ち）
第3ステージ （歩行確立ステージ）	13〜18か月	● 立位での平衡反応の促進、一人立ち・一人歩きの促進、ローガード歩行の促進、抗重力運動の促進
第4ステージ （粗大運動確立ステージ）	19〜36か月	● 多様な姿勢・動作変化の促進、初歩的な統合運動の促進、片側性運動の促進
第5ステージ （調整運動ステージ）	37〜48か月	● 調整力の促進、手操作運動の促進、足指運動の促進、優位性運動の促進
第6ステージ （知覚運動ステージ）	49〜60か月	● 微細運動（指対立運動）の促進、連合運動の促進、創造的運動の促進、課題意識運動の促進
第7ステージ （複合応用運動ステージ）	61〜72か月	● 複雑な創造的運動の促進、複雑な連合運動の促進、複雑な両側性運動の促進

出典：小林他（2017）p.24

機能を発揮できるようになります。

　第7ステージは、創造的運動や、細やかにコントロールされた運動、高度なバランス運動の機能が発揮できるようになる段階です。

❹ MEPA-R の評定方法・評定結果の整理

1）　各項目について評価する（図6-2）

各項目の評定基準は、以下の3つです。

---

①反応や行動が明らかに観察できる：（＋）

②反応や行動が見られない：（−）

③反応や行動ができそうである、少し見られる（芽生え反応）：（±）

この（＋）、（−）、（±）を評定欄に記入し、特記すべき事項（支援の上で参考になること）

は、評定項目の下にある「特記事項欄」に記載します。

MEPA-Rの評定にあたっては、暦年齢に相当するステージから始め、そのステージの全項目を評定します。発達に遅れのある対象者や月齢で72か月を超える対象者の場合には、可能な項目が多いと考えられるステージから評定します。（＋）が多ければ上のステージに進み、（－）が多ければ、より下のステージも評定します。原則として、重点的に評定するステージとその上下のステージを合わせて3ステージを評定します。

MEPA-R 項目 P-28「片足で立ち、そのまま体を傾けて飛行機のようにしても倒れないでいられる」

MEPA-R 項目 M-30「風船を連続してつくことができる」

MEPA-R 項目 S-30「スカーフの上に風船を乗せて二人で落とさず運ぶ」

2）評定後、その結果をプロフィール表に転記する（図6-3）

プロフィール表には、MEPA-Rの評定項目番号が示されています。（＋）と評定された項目にあたる番号の欄を（■）、（－）と評定された項目の欄を（□）、（±）と評定された項目の欄を（◪）に塗り分けます。その結果、図6-3のように、対象者の発達を「全体（運動・感覚：からだ、言語：あたま、社会性：こころ）」と「流れ（0〜72か月）」の両面から視覚的に把握できます。発達の良好な分野や領域、対象者の得意な力、現在伸びつつある力（芽生え反応）をとらえやすくなります。

3）クロスインデックス表を作成する（図6-4）

クロスインデックス表を用いて、運動発達に関する7つのステージごとの身体意識項目や調整力、筋力・持久力の項目を取り出して整理します。これにより、項目の評定だけではわかりにくい諸機能のスキルを明らかにできます。①運動・感覚領域の身体意識

第3ステージ　13〜18ヵ月発達レベル

分野・領域		内　　　　　容	評定(1)	評定(2)
運動・感覚	姿勢（主に静的なもの）	P － 9. 膝の高さの台の上に座ることができる。	＋	
		10. 座って，一方の上肢を引くと，頭，胸部が立ち直り引かれまいとする。	＋	
		11. 立位からひとりで座る。	±	
		12. 立たせ，左右前方に引くと，平衡を保つため一方の足を踏み出す。	－	
	移動（ものを媒介としない主に動的なもの）	Lo － 9. 人につかまって歩く。	＋	
		10. 階段をはい上がる。	＋	
		11. ひとりで歩く。	±	
		12. 手すりにつかまって階段をのぼる。	－	
	技巧（ものを媒介とする主に動的なもの）	M － 9. 2個の積木を重ねる。	＋	
		10. ものを投げる。（ボールを下手から）	＋	
		11. 茶わんの中の小球を取り出す。	±	
		12. 大きなボールをける。	－	

> 特記事項
>
> 姿勢：P-11 ぎこちなく、ものにつかまって何とか座ることができる。
> 技巧：M-11 取りこぼすことがあるが、何とか親指と人差し指でつまみ出そうとする。

言語	受容言語	L － 9. 「おててはどれ」「あんよはどれ」とたずねると，手・足を出す。	＋	
		10. 「ボールを持ってきなさい」などの簡単な指示が実行できる。	－	
		11. 名前を言うと数個のものがわかる。「テレビは，どこ」など。	＋	
		12. 手をたたいて簡単な音のリズムを実行できる。	±	
	表出言語	Le － 9. 意味のある言葉を2つ程度話す。	＋	
		10. 大人の言った単語をそのまま，まねすることが多くなる。	＋	
		11. おしっこをしたくなると，どうにか教える。	±	
		12. 遊びたいことを，直接的な方法で要求する。	＋	

> 特記事項
>
> 受容言語：L-12 リズムそのものは不完全だが、楽しんで繰り返しやろうとする。
> 表出言語：Le-11 もぞもぞして、おとなの方を見ることがあるが、はっきり知らせることまでは、まだできない。

社会性（情緒を含む）	主に対人関係	S － 9. 子どものまわりで遊ぶ。	＋	
		10. おもしろがって（反抗的に）ものを投げる。	－	
		11. 欲しいものを教える。	＋	
		12. 友だちと手をつなぐことができる。	－	

> 特記事項
>
> S-9　最近、自分から友達に近づいて、そばで遊ぶことを好むようになった。

図 6-2　評定シート記入例

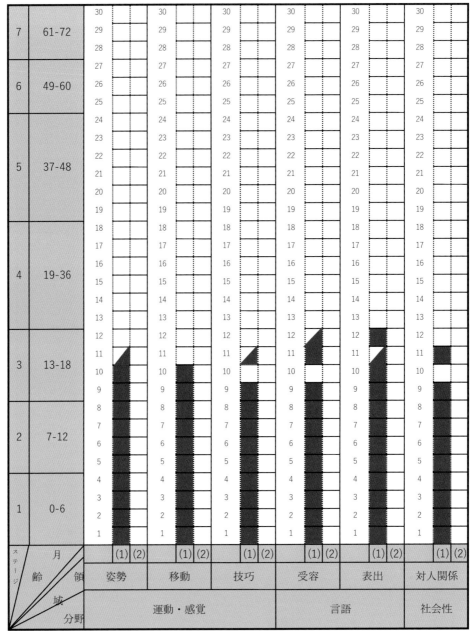

各項目（＋）；■，（±）の場合；◪，（－）の場合；□

氏名	○○　○○	男・女	○○○○年　○○月　○○日生
第1回評定（1）	○○○○年○○月　○○日	年齢	満　○歳　○カ月
第2回評定（2）	年　月　日	年齢	満　歳　カ月

図6-3　プロフィール表記入例

META-R におけるクロスインデックス表① （運動・感覚領域の身体意識項目）

領域＼ステージ	1	2	3	4	5	6	7
P 姿勢	④	⑤⑥⑦⑧	⑨⑩ 12	15, 16, 17 18	19, 20, 21 22, 23, 24	25, 26	28, 29, 30
Lo 移動	④	⑤⑥⑦	⑨⑩	13, 14, 15 16, 18	19, 20, 21 22, 23, 24	25, 26	28, 29, 30
M 技巧	②③④	⑤⑥⑧	12	13, 18	20, 21, 22	26	29, 30
各ステージでの到達度	5/5 100%	10/10 100%	4/6 67%	/11 %	/15 %	/5 %	/8 %
		15/15 100%	19/21 90%	/32 %	/47 %	/52 %	

19/60　31.7 %

図6-4　クロスインデックス表記入例

項目、②言語、社会性領域の身体意識項目、③調整力項目、④筋力・持久力項目の4つに区分されています。

　各項目の評定結果から、クロスインデックスシートのそれぞれ7つのステージの項目番号にあてはまるものを探し出し、評定結果が（＋）であれば、表中の番号を○印で囲んでいきます。（−）または（±）の場合には、○印はつけずにそのままにしておきます。その後、○印で囲んだ項目の数を縦列（7つのステージ）ごとに合計し、下段の「各ステージでの到達度」の欄に○印のついた数を記入します。次に、ステージ内の項目数に対する達成率を算出し、その割合（％）を記入します。これらの手続きから、各ステージにおける身体意識、調整力、筋力・持久力の到達度を把握することができます。

　到達度の計算にあたっては、対象者の暦年齢が72か月以上（小学生以上）の場合、第7ステージまでの全体の合計数を分母としてその割合を計算します。暦年齢が72か月未満の乳幼児などを対象とする場合、その対象者の生活年齢に該当するステージまでの項目数を分母とし、達成項目数を分子として、到達度の割合を計算します。以上のように、プロフィール表とクロスインデックス表を合わせて活用すると、対象者の発達段階や動きの特性に応じた効果的な支援プログラムを検討することが可能となります。

❺ プロフィールパターンと支援プログラム作成の指針

MEPA-Rのプロフィール表を発達パターンという視点でとらえることの意義は、**対象者の年齢にかかわらず、対象者の得意なことや好きなこと、すなわち「強み（ストレングス）」を伸ばし、それを生かしながら弱い面や未発達な部分を支援する指針を得る**ことにあります。

MEPA-Rのプロフィール表から支援の方向性（プログラム作成の指針）を考える場合、以下の5パターンを軸にその流れをつくることができます。

①Aパターン（図6-5）

全体的に第3ステージ（18か月程度）の発達に位置します。このパターンは、障害の重い対象者の場合にも多く見られます。Aパターンの対象者は、運動・感覚分野ではつかまり歩きや一人歩きが始まり、物を投げるようになります。言語分野では簡単な指示を理解でき、意味のある言葉を数語話すようになります。社会性分野では、友だちに関心をもち、手をつなぐことができる状態です。養育者との愛着関係をもとに、物や人に関心が広がります。

この時期のプログラムでは、揺れを中心とした前庭感覚刺激を取り入れて、平衡反応を促進し、安定した一人歩行を確立します。さらに、走る、跳ぶ、はい登る、転がるなどの粗大運動を広げていきます。また、小集団の中でいろいろな遊具に直接触れ、動いて確かめる体験を通して、手指の操作の広がり、語いの獲得、動きの模倣力、他者とかかわる楽しさなどを促進するようにします。

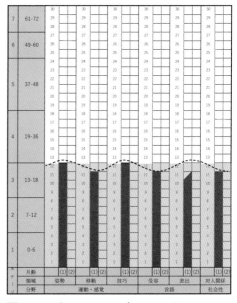

図6-5　プロフィール表：Aパターン

②Bパターン（図6-6）

ほぼ第4ステージ（36か月程度）の発達に位置します。このパターンは、知的障害がある対象者の場合にも多く見られます。Bパターンの対象者は、運動・感覚分野では、走る、跳ぶなどの粗大運動が確立し、「片足立ちが一瞬できる／両足でぴょんぴょん跳ぶ／6個

の積木を積み上げる」のように、バランス能力や手指の操作力が育ちつつあります。言語分野では、「大きい、小さい（赤・青・黄）がわかる／簡単な3語文を話す」、社会性分野では「ままごとの役を演じることができる」などが見られます。

　この時期のプログラムでは、ダイナミックな遊具環境の中で、多様な姿勢変化や運動を十分体験できるようにします。その中で、ラテラリティ（利き側）が獲得されると、より高度なバランス能力が必要な動き（平均台歩きなど）、調整力が必要な動き（でんぐり返しやケンケン跳びなど）、目と手の協応動作（キャッチボール、ハサミや鉛筆の使用）が獲得されていきます。また、見て動く、聞いて動くなどの知覚－運動連合を取り入れた小集団でのプログラムを行い、視知覚、聴知覚などの各種知覚の活用力を高め、他者とかかわりながら、ルールの理解や、「はやい、おそい」「たかい、ひくい」のように時間・空間意識の獲得と、語いの量（知っている言葉の数）の拡大を促進するようにします。

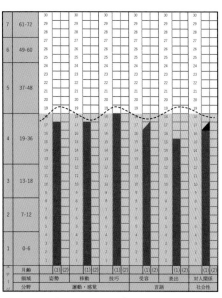

図6-6　プロフィール表：Bパターン

③Cパターン（図6-7）

　運動・感覚分野の発達がおおむね第3ステージ以下にあり、言語、社会性分野は概ね第5ステージ以上にあります。肢体不自由のある対象者に多く見られる発達のパターンです。この場合は、言語、社会性分野の高い能力（強み）に着目することが重要です。この強みを生かし、プログラムでは、グループ（集団）で他者とかかわる楽しさや、一緒にやり遂げる充実感をベースに展開します。「自分も友だちと一緒に挑戦したい」と活動に取り組む意欲が高まると、本人の自発的な動きが引き出されます。支援者が必要な部分を援助

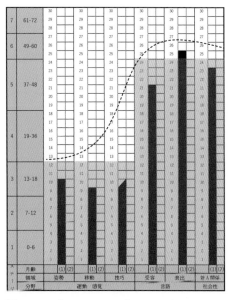

図6-7　プロフィール表：Cパターン

しながらそれを助長し、スモールステップで多様な姿勢や運動を体験できるようにします。

　このようにして、他者と共にからだを動かす喜びを味わうことを重視します。また、移動が困難でも、手指の操作など、上肢の動きができる対象者もあり、一人ひとりの実態に応じて、もっているスキルを十分発揮できる内容をプログラムに組み込むようにします。

④Dパターン（図6-8）

　運動・感覚分野は第5・第6ステージにありますが、それに比べ、言語、社会性分野が未発達です。自閉症スペクトラム障害のある対象者に多く見られる発達のパターンです。

　プログラムでは、まず優れている、得意な運動・感覚分野の活動を中心にとらえることが重要です。自分の得意な動きを十分楽しむ過程で、フープやムーブメントスカーフ、プレーバンドなどの遊具を他者と一緒に使ったり、ムーブメントパラシュートのように他者との協力がどうしても必要となる遊具で活動したりなどの経験を積み、少しずつ集団意識や社会性の力を促します。また、見て動く、

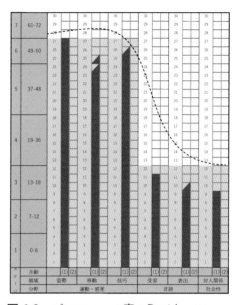

図6-8　プロフィール表：Dパターン

聞いて動くなどの視覚−運動、聴覚−運動の連合プログラムを取り入れるようにします。その中で示される動きの手がかり、合図などを理解して動く体験が、言語の理解を促進します。

⑤Eパターン（図6-9）

　全体的に第7ステージ（61〜72か月レベル）に位置します。このパターンは、学習障害、ADHDなど発達障害のある対象者の場合にも多く見られ、高次な認知機能が伸びる時期です。よって、プログラムでは、創造的運動を中心に、イメージを描いてそれに基づいて動く、遊具環境を活用して問題を解決する、環境や目的に応じて自らの動きを細やかにコントロールする、他者と協力しながら計画的に動いてやり遂げるなどの活動を組み込みます。対象者の発想や思考を引き出し、何度も試行錯誤できるように、柔軟で、

発展性のあるプログラムが求められます。

　他者と共に考え、試し、やり遂げる達成感の積み重ねが、自己有能感を育て、より高次な「からだ」「あたま」「こころ」の育ちを促進します。

【引用・参考文献】
●小林芳文著（2005）『MEPA-R：ムーブメント教育・療法アセスメント』日本文化科学社
●小林芳文監修／是枝喜代治・飯村敦子・阿部美穂子・安藤正紀編著（2017）『MEPA-R活用事例集―保育・療育・特別支援教育に生かすムーブメント教育・療法』日本文化科学社

（岩羽紗由実）

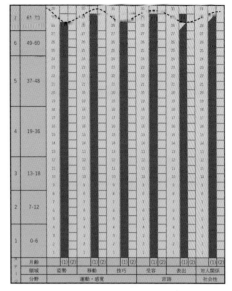

図6-9　プロフィール表：Eパターン

3　MEPA-ⅡR：障がいの重い児（者）のムーブメント教育・療法プログラムアセスメント

❶ MEPA-ⅡRの目的と特色

　MEPA-ⅡR（メパ・ツーアール：Movement Education and Therapy Program Assessment - Ⅱ Revised）は、発達の初期段階にとどまりがちな、障がいの重い児（者）の発達の変化を細かくチェックするためのアセスメント・ツールです。1992年に開発されたMEPA-Ⅱを時代に合わせて改善し、2014年7月に発行されました。対象者との生活場面でのかかわりをもとに、支援者が継続的に評定できるようになっており、指導・支援計画を立案し、日々の支援実践に生かすことを目的としています。

　一般的なヒトの0〜1歳6か月の時期に該当する発達の全体像を、「運動・感覚」分野（「姿勢」「移動」「操作」）「コミュニケーション」分野から評定するもので、適用範囲は、0歳〜成人までです。また、継続的に実施できるように、シート1冊につき、

図6-10　MEPA-ⅡR
出典：小林他（2014）

101

3回分の評定欄が設けられています。合わせて、評定実施と活用のための手引きも作成されています。

❷ MEPA-ⅡRの構成と内容

1）フェイスシート

フェイスシートとは、対象者の基本的な情報をわかりやすくまとめるためのものです。日常生活の様子をできるだけ指導・支援計画に反映できるように、7つの項目が設定されています（表6-3参照）。また、変化があれば、その都度、追加記入をします。

表6-3　MEPA-ⅡRのフェイスシート

記入項目	主な内容
1．障がいの状況	障がいの種類や程度、疾病名など
2．健康の状況	睡眠リズムやてんかん発作の有無、服薬状況
3．日常生活動作（ADL）	日常生活動作の獲得状況や、自助具などの使用および支援状況
4．生育歴	障がいの発生原因や療育暦に関する情報
5．現在の社会的環境	現在の家庭状況や、通っている学校、療育機関などの情報
6．支援上手がかりとなる事項	本人が好んで行うことなど、支援に取り込みたい情報
7．QOL上の環境	本人の生活の質や幸福感を高めるための取り組みに関する情報

出典：小林他（2014）より、著者編集

2）評定項目

MEPA-ⅡRは、全5ステップ、計200の評定項目からなっています（表6-4参照）。

運動・感覚分野は、「姿勢」「移動」「操作」の3つの領域に分かれています。「姿勢」とは、その場で動かずにその姿勢を保つことを指します。「移動」とは、姿勢を変えたり、動きまわったりすることです。「操作」は、手を使って物を操作することです。それぞれの領域には、各ステップに1〜3ずつ、全部で10の発達のカギとなる項目（キー項目）があります。さらに、キー項目ごとに5つずつの下位項目があり、1領域は、計50項目からなっています。よって、運動・感覚分野全体で150項目となります。

コミュニケーション分野は、一つの領域からなり、笑い声や発声などを含んだ、人に対する反応・聴覚を使った反応・環境とのかかわり反応など、言語・社会性・情緒に関する内容を含みます。この分野には、キー項目はありませんが、各ステップに5〜15の項目があり、計50項目からなっています。

表 6-4　MEPA- Ⅱ R の評定項目

分野	領域	内容	キー項目数	下位項目数
運動・感覚	姿勢 (P= Posture)	移動を伴わない、主に静的な活動	計 10	各 5 計 50
	移動 (Lo=Locomotion)	移動を伴う、主に動的な活動	計 10	各 5 計 50
	操作 (M=Manipulation)	物を媒介とする、主に操作的活動	計 10	各 5 計 50
	コミュニケーション (C=Communication)	笑い声や発声などを含む対人的な反応・聴覚の反応・環境とのかかわりなど言語・社会性・情緒に関するもの	各ステップ 5〜15 計 50	

出典：小林他（2014）より、著者編集

3）発達ステップ

　MEPA- Ⅱ Rでは、0〜1歳6か月に該当する発達を3か月ごとに5つのステップに分け、各ステップで特徴的にみられるヒトの姿を設定しています。ただし、3か月という期間は、あくまでも大まかな目安であり、時期にとらわれるのではなく、発達のみちすじに着目

表 6-5　運動・感覚分野のキー項目の概要

ステップ	姿　勢	移　動	操　作
1 （0〜3か月）	①腹這いで、頭の持ち上げ ②支持垂直位で、頭を保持	①自発的な身体のムズムズ ②手足のバタバタ	①手を握る・開く ②手で探る
2 （4〜6か月）	③引き起こしで頭の持ち上げ ④両手をついた、初歩の座位	③仰向けから横向きへ ④仰向けから戻る完全な寝返り	③両手でつかむ ④片手を伸ばしてつかむ
3 （7〜9か月）	⑤安定した座位 ⑥初歩の四つ這い位 ⑦安定した四つ這い位	⑤這いずり移動 ⑥手足交互に腹這い移動 ⑦まっすぐ四つ這い移動	⑤持ち替え ⑥物を振る ⑦両手にそれぞれ持つ
4 （10〜12か月）	⑧膝立ち位 ⑨立位	⑧物につかまって動き回る ⑨片手の支持歩行	⑧積み木重ね ⑨片手投げ
5 （13〜18か月）	⑩立位から座位への変化	⑩一人で歩く	⑩親指と人差し指で、豆を取り出す

出典：小林他（2014）より、著者編集

6

ムーブメント教育・療法アセスメント法一

103

します。

　運動・感覚分野には、各ステップにキー項目が設定されています。キー項目は、各発達ステップにおいて、要となる発達の姿を示したものです。キー項目が十分獲得されると、次の発達ステップに進む準備ができた状態となったことがわかります。「姿勢」「移動」「操作」の各キー項目は、その領域内の前後の発達ステップと関連しています。また、それぞれの発達ステップにおいて、領域間相互に密接なつながりがあります。例えば、お座り「姿勢」が安定すると、スムーズな四つ這い「移動」の準備ができ、手の「操作」も楽にできるようになります。また、移動経験を積むことにより、多様な姿勢変化につながり、手の操作範囲もさらに広がります。表6-5に、運動・感覚分野のキー項目の概要を示します。

　また、各キー項目には、5つの下位項目が示されています。下位項目は、最終的にキー項目ができるようになるまでのスモールステップを示したものです。例えば、表6-6に示すように、移動領域キー項目Lo-6は、a→b→ c→d→eの段階を踏んで達成されると考えられます。

　一方、コミュニケーション分野では、キー項目の設定はありませんが、各ステップのコミュニケーションの特徴が、「要求」と

表6-6　移動（Lo）領域の下位項目例

Lo-6　交互パターンによる腹這い移動をする。
a.　腹臥位で、上・下肢の交互バタツキ運動をする。
b.　肘立ち位で、片手を床から離す。
c.　腹部を支点にして、身体を上下に揺する。
d.　腹部を支点にして、身体を左右に回す。
e.　交互パターンによる腹這い移動をする。

出典：小林他（2014）より、著者編集

いうキーワードで表されています。表6-7にその概要を示します。生理的な要求が他者によって満たされる関係が中心となる、初期の「自己内部要求」の段階から、徐々に関心が外界に広がり、一方的な要求から、やりとりのある「循環要求」段階へと発展します。その過程で、自分の体を使う直接的コミュニケーションから、音声、視線、指差しや言葉を用いるコミュニケーションへとその方法も拡大していきます。この発達を支えるのは、要求にタイミングよく応答してくれる環境があることです。自発的な要求が他者に十分満たされる経験を積み重ねると、他者への信頼とコミュニケーションの意欲、そしてスキルが育まれていきます。

表6-7　MEPA-ⅡRのコミュニケーション分野の概要

ステップ		主な発達の姿
1 （0〜3か月）	自己内部要求	抱っこや空腹・排泄の不快感が解消された快感、安心感などをもたらす人とのかかわりを求める。
2 （4〜6か月）	自己外界要求	外界への興味や関心が広がり、気になる物を欲しがったり、人に対して愛着を示したりする。
3 （7〜9か月）	自他循環要求	自己と他者とのつながりがより深化し、手や足などでおしのけたり、人のそばによってきたりなど、体を直接使って人に対して要求する。
4 （10〜12か月）	自発的循環要求	視線や行動、指差しなどを手がかりや手段として、自分の要求を伝えたり、相手の意図を読み取ったりする。
5 （13〜18か月）	社会的循環要求	有意味語が少しずつ使えるようになり、簡単な言葉の指示に従う。困った時に助けを求める。他者の行動を盛んに模倣する。

出典：小林他（2014）p.28より、著者編集

❸ MEPA-ⅡRの評定方法

　手引書に示された評定方法に基づき、各項目について、できるには（＋）、芽生えがみられるには（±）、できないには（−）で評定します。また、「特記事項」には、できた状況や、本人のようす、やり方などの特徴を記入し、具体像がわかるようにします。「評定結果の活用状況」欄には、評定で得られた結果に基づいて、どのような活動を導入することが有効であるかを考察し、活動例を記入します。

　評定結果を**プロフィール表**に転記します。これは、評定結果を一覧できるようにしたものです。その際、できる項目は塗りつぶし、芽生えがみられる項目は、三角形に半分のみを塗りつぶ

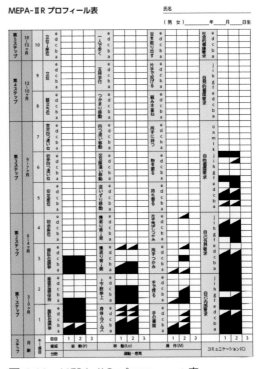

図6-11　MEPA-ⅡRプロフィール表

出典：著者作成

6

ムーブメント教育・療法アセスメント法—

します。できない項目は塗りつぶさず、そのままにしておきます（図6-11参照）。発達の全体像を視覚的に把握できるので、対象者の発達の特徴をイメージしやすくなります。さらに3回分の評定結果を並べて記載でき、支援結果や対象者の育ち（変容）の過程を一目で確認することができます。

❹ 教育・保育・療育にMEPA-ⅡRを活用する

1）MEPA-ⅡRの評定結果に基づいて、根拠のあるプログラムを構成できる

　個別活動、集団活動にかかわらず、MEPA-ⅡRで明らかになった一人ひとりの対象者の実態データに基づき、根拠をもってプログラムを構成することができます。その観点は、以下の3つです。

①「できる（＋）」を生かす：「できる」とは、安定してできるスキルのことです。このような項目に関しては、いろいろな場面でそのスキルを発揮できるように、応用力を拡大するプログラムを導入します。

②「芽生えがみられる（±）」を生かす：「芽生えがみられる」とは、環境や援助の方法によって、できたり、できなかったりするスキルのことです。これは、対象者の能力が現在伸びつつあるスキルといえます。よってプログラムに重点的に取り入れることが求められます。

③「できない（－）」を生かす：「できない」とは、未経験なスキル、発達的にまだ獲得するには至らないスキル、あるいは、身体機能などの状態から今後も獲得することが難しいと考えられるスキルを指します。このような項目は、できないからといってプログラムに取り入れないのではなく、全面的に援助しながら、誰かといっしょにできた楽しい体験を積み重ねるようにします。

　MEPA-ⅡRには、評定結果をまとめて、プログラム編成ポイントを記入するためのシートが3回分設けられていますので、それを活用して、プログラムづくりの方針を整理するのがよいでしょう。

2）MEPA-ⅡRを用いて、支援のPDCAサイクルを生み出すことができる

　PDCA（Plan － Do － Check － Action）サイクルとは、支援計画を立案（Plan）、実行（Do）し、その成果を評価（Check）し、それに基づいて、計画を見直し、より適切な

支援を実行する（Action）することを繰り返すという、支援の仕組みです。この過程に、MEPA-ⅡRを組み込みます（図6-12）。

　まず、支援計画立案（Plan）の際に行う、対象者の実態把握に、MEPA-ⅡRを活用することができます。特に重い障害のある児（者）については、「できる（＋）」「芽生えがみられる（±）」に着目し、対象者のQOL（Quality of Life：生活の質）の向上に結びつくと考えられる具体的な目標を設定するのがよいでしょう。

　さらに、計画の実行（Do）にあたっては、環境との相互作用に着目した支援方法により、本人の「できた」喜びを引き出す支援が大切です。すなわち、**「対象者のもっている力＋支援環境（人・もの）＝100％となる支援」**により、対象者の生活を充実させることが求められます。

　このような支援実践に基づき、評価（Check）を行います。その際にも、MEPA-ⅡRを活用することで、新たな課題を見出すことに役立ちます。このように定期的にMEPA-ⅡRによるアセスメントを実施すると、対象者の育ちを継続して把握することができ、長期的な視点で支援を行うことにつながります。

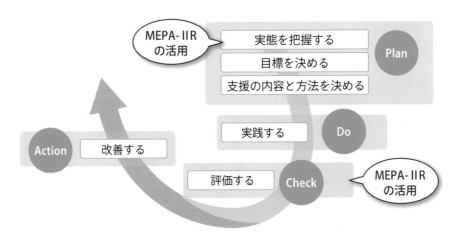

図6-12　MEPA-ⅡRを用いた支援のPDCAサイクル　　　　　　　出典：著者作成

3）MEPA-ⅡRを活用する際の留意点

① 個々の項目にとらわれすぎない

　MEPA-ⅡRの評定結果に基づいて支援計画を作成しようとすると、つい、個々の評定項目に注目してしまい、できない項目を取り上げて、できるように練習する内容になってしまうことがあります。この考え方は、対象者を苦しめることにつながり、もってい

る力を十分発揮するという、重い障がいのある児（者）のQOL向上の基本理念とは、相容れないものです。

　そもそも、MEPA-ⅡRにおいては、各評価項目と、その達成のための活動が固定的に対応するという考え方はしません。2分野4領域の発達の全体像をとらえ、本人の強み（ストレングス）を生かしつつ、発達のいろいろな側面を関係づけながら展開する活動プログラムを実践するようにします。「健康と幸福感」の獲得を目的とするムーブメント教育・療法においては、本人の自発性と達成感を十分引き出しつつ、その発達を伸ばすことができるように、MEPA-ⅡRのアセスメント結果を活用します。

② 縦の伸びと横の広がりをバランスよく取り入れる

　縦の伸びとは、新しくスキルを獲得することを指します。横の広がりとは、すでに獲得したスキルを十分使いこなすことを指します。ヒトの発達は、十分な横の広がりが満たされていく中で、次の発達ステップに進む準備ができ、縦の伸びをつかむチャンスがきます。このような発達の仕組みを踏まえ、活動プログラムには、先にも述べたように「変化のある繰り返し」が大切です。毎回繰り返される、おなじみの活動の中に、常に新しい要素（新しい遊具、新しい展開、新たな働きかけなど）を組み込みながら、対象者の横の広がりを支えつつ、縦の伸びにつながるチャレンジができる環境を準備しましょう。

MEPA-ⅡR アセスメントに基づくプログラム①
「ロープをつかんで引っぱりっこしよう」

MEPA-ⅡR アセスメントに基づくプログラム②
「つい、パラシュートに触りたくて、手を伸ばす」

【引用・参考文献】
● 小林芳文監修／藤村元邦・飯村敦子・新井良保・當島茂登・小林保子編（2014）『障がいの重い児（者）が求めるムーブメントプログラム—MEPA-ⅡRの実施と活用の手引』文教資料協会
● 小林芳文・藤村元邦・飯村敦子監修・著（2014）『MEPA-ⅡR: Movement Education and Therapy Program Assessment-Ⅱ Revised』文教資料協会

（阿部美穂子）

第 7 章

ムーブメント療法論
（発達障害・療育支援）

本章のねらい

　本章では、実際の療育場面を想定し、ムーブメント教育・療法を活用する際の考え方（理論）、活動プログラムの作成（目標設定、構成、展開上の留意点）の基本について解説します。合わせて、多様な実践例を紹介し、実際の療育におけるムーブメント教育・療法の活用イメージをもてるようにします。

ムーブメント教育・療法を療育に生かす考え方

❶ 療育とは

「療育」は、わが国最初の肢体不自由児施設を創設した、東京大学整形外科教授であった高木憲次が提唱した言葉です（高松,1987）。当初、肢体不自由のある子どもを想定した概念でしたが、現代では、すべての障害のある子どもに対し、**そのもてる力を最大限に引き出して発達を促進し、充実した生活を営めるようにするために、医療、福祉、心理、教育などの多様な側面から支援する**ことを指しています。厚生労働省（2017）は、この考え方を「児童発達支援」として、「発達支援（本人支援および移行支援）」「家族支援」および「地域支援」を総合的に提供していくものと規定し、障害のある子どもの個々のニーズに応じた質の高い支援の提供を求めています。

このように**療育とは、①対象者のニーズを踏まえた発達支援であり、②多側面からアプローチし、対象者の力を発揮させ、生活の質**（QOL=Quality of Life　ヒトが自分の生活について抱く、充実感や満足感）**を高めるもの**であると言えます。

❷ ムーブメント教育・療法と療育の関係

第1章で述べたように、ムーブメント教育・療法の究極的なねらいは、フロスティッグによれば「ヒトの健康と幸福感の達成」です。これは、「発達の主体者である、ヒトが、生きいきと自分らしく幸せに生きること（第1章 p.16参照）」をさしており、まさに、QOLの向上を目指す、療育の目的と合致しています。このように、ムーブメント教育・療法は、単なる発達支援方法の一つであるにとどまらず、療育の本質に迫ることができる理念を内包した、支援アプローチであるといえるでしょう。

❸ ムーブメント教育・療法を療育に生かす考え方

質の高い療育を実現するために、ムーブメント教育・療法を生かすポイントを、次に整理します。

1）活動の主体者となる喜びを支援する活動を設定する

　最も大切なポイントは、喜びを感じられる体験を核にすることです。ヒトが発達する原動力は、自らの力（動き）で環境にかかわり、それを変化させる喜びです。さらにそれを繰り返しながら、「できる」自分を感じられる喜びです。例えば、いくら歩ける身体能力が備わっても、歩く意欲がなければその能力を発揮できないでしょう。意欲を育てるのは、行きたいところにたどり着ける喜びにほかなりません。

つい、わたってみたくなる廊下の白い線（日常の保育環境をムーブメント環境に）

　発達支援においては、「喜び」体験が含まれていることが必要不可欠なのです。よって、ムーブメント活動では、本人が動いた結果、喜びを感じられる環境からの即時的な応答性が重視されます。具体的には、快感を得られる、何かが変化する、何かを達成できる、ほめられる、注目されるなどです。

2）発達ニーズが組み込まれた活動を設定する

　対象者の障害特性と発達支援ニーズに対応するのは当然のことですが、問題は、ニーズを本人がどのようにとらえているかです。例えば、立つことができないから立つことを目指すという考え方は、発達段階を追いかけているにすぎず、本人のニーズとはいえません。本人が立ちたいと思い、それを実現できることが見通せる、「具体化」が必要です。

つい、ひっぱったりゆらしたりしたくなるプレーバンドの虹

　ムーブメント活動では、「取り組みたくなる」環境づくりが重視されます。つかまりたくなるバランスボールがあり、つかまって立ち上がると音楽に合わせて揺れるので楽しくなり、立ち続けたくなります。つまり、立っている「かい（快、甲斐)」がある環境です。このように、本人に動きとその目的がイメージできる環境設定が、発達ニーズに対応した活動を実現します。

3）ちょうどよい助けがある活動環境を設定する

　何かができるようになるには、本人が繰り返し挑む必要があります。しかし、障害があると思うように変化を感じられず、「できない」から「やりたくない」気持ちが生まれ、挑戦をあきらめたくなります。これが発達の停滞につながります。ムーブメント活動では、初めから「うまくいく」体験を積めるように、ちょうどよい助けを準備します。支援者が直接助けるよりも、環境に助ける手立てを組み込みます。

　具体的には、選択性のある柔軟な環境を用意します。ムーブメントパラシュートをつかむ手の動きが未熟なら、つかみやすい取っ手をつけます。ロープが細くて引っぱれないのなら、代わりにスカーフを引くようにします。今もっている力でできる環境設定は、次の変化の土台となる「できる」思いを育てます。

4）ともに喜びを共有できる活動を設定する

　先に述べたように「家族支援」「地域支援」も療育の大切な要素です。家族や支援者、周囲の人々が、障害のあるヒトとかかわり続けるためには、エネルギーが必要です。「喜び」は誰にとっても、目的となり、力をもたらします。楽しいムーブメント活動は、障害のあるヒトとかかわる家族や支援者にも喜びを生み出します。「いつも疲れているお母さんが、ムーブメントをすると笑顔になるのが好き」地域の障害のあるお子さんのご家族が一緒に参加するムーブメント活動で、あるきょうだい児が伝えてくれた言葉です。

　療育する側、される側という視点ではなく、ともに活動を創り上げ、楽しむ関係を実現し、かかわる人々をエンパワメントできることは、ムーブメント教育・療法を活用する醍醐味といえるでしょう。

親子みんなで力を合わせてパラシュートの巨大な太鼓をたたこう

【引用・参考文献】
- 高松鶴吉（1987）「療育と教育の接点を考える」『リハビリテーション研究』55号．18-22．
- 厚生労働省（2017）「児童発達支援ガイドライン」https://www.mhlw.go.jp/file/06-Seisakujouhou-12200000-Shakaiengokyokushougaihokenfukushibu/0000171670.pdf（2022年5月閲覧）

（阿部美穂子）

❶ 障がいの重い児（者）への支援の考え方

1）感覚運動のための発達的課題

　障がいの重い児（者）（重症心身障がい児・者）は、重度の肢体不自由と知的障がいが重複した状態にあります。大島の分類（図7-1）では、1・2・3・4に該当します。**感覚運動機能の向上が支援の中心**となります。

　小林ら（2014）によれば、ムーブメント教育・療法での感覚運動のための発達的課題は、以下の3つです。

						知能IQ	
						80	
	21	22	23	24	24	70	境界
	20	13	14	15	16	50	軽度
	19	12	7	8	9	35	中度
	18	11	6	3	4	20	重度
運動機能	17	10	5	2	1		最重度
	走れる	歩ける	歩行障害	座れる	寝たきり		

図 7-1　大島の分類

出典：小林他（2014）『障がいの重い児（者）が求めるムーブメントプログラム—MEPA-IIRの実施と活用の手引』p.201

> ① 抗重力姿勢での感覚運動の経験
> ② 豊かな身体の揺れ感覚の経験
> ③ 身体意識、特に身体像の形成

① 抗重力姿勢での感覚運動の経験

　筋肉・関節に緊張を与え、頭部、体幹、上肢の運動発達を促します。例えば、車いすや座位保持椅子に乗ったままトランポリンに乗り、安定した座位姿勢でゆっくり上下・左右に揺れることにより**立ち直り反応**（身体が傾いてもまっすぐに（正中位）戻ろうとする力）を促し、姿勢保持につながります。

　また、エアトランポリンに三角マットなどを使用し、腹臥位姿勢で肘を曲げ（肘立て位をとり）、ゆっくり上下に揺れることにより頭部の持ち上げや首がすわる（**定頸**）ことにつながります。ただし、成人になっても定頸しないヒトに対しては、運動発達の順序性に重要だからといって定頸獲得にとらわれず、動く喜びを感じて笑顔や快の表情につながる方が重要です。

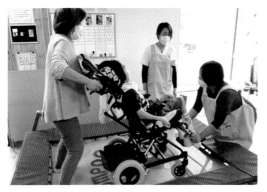

トランポリンに車いすごと乗っている子どもを笑顔で
見守る大人

エアトランポリンの上で三角マットに肘立て位で、
ゆっくり揺れる

②豊かな身体の揺れ感覚の経験

例えば、ユランコで前後・左右・回転の動きで揺れる、ユランコでそりのように水平に動く、時に加速度をつけて動くなど、**前庭感覚刺激**（内耳にある前庭感覚器が身体の揺れ刺激を受容）が身体全体の動きを認識します。また、動く楽しさや心地よさで笑顔や快の表情を促します。

③身体意識、特に身体像の形成

例えばムーブメントスカーフで身体部位をやさしく触れる、ビーンズバッグや感触の違うものを握る（自力で握るのが難しい場合には、支援者と一緒に握る感覚）など身体全体に分布している感覚器（**触覚・筋感覚**など）が働くことで、身体意識（特に、身体像）の向上につながります。

2）ムーブメント教育・療法における支援の基本的考え方

以上のことを踏まえて、ムーブメント教育・療法における障がいの重い児（者）支援の基本的考え方を説明します。小林ら（2014）によれば、基本的な考え方として、以下の5つが示されています。

---

①可能なかぎり身体全体での活動を取り入れること
②遊具（道具）を使って、刺激―反応のムーブメントシステムをつくること
③遊びの喜びを豊富に与えること
④ヒトと物とを含めた環境からの問いかけに、変化をもって行うこと
⑤健康と幸福感の達成を中心的ゴールにとらえること

出典：小林他（2014）『障がいの重い児（者）が求めるムーブメントプログラム―MEPA-IIRの実施と活用の手引』p.5

---

① 可能なかぎり身体全体での活動を取り入れる

　ムーブメント教育・療法は、不自由で、できないことに視点を置かず、**得意なこと、できていること、好きなことなどを生かして、**「あたま」「からだ」「こころ」の調和のとれた発達を促す教育・療法です。できないことをできるようにする課題ばかり意識して対象者にかかわると、支援者の一方的な働きかけが強くなり、楽しさがなくなり、支援される側の反応を引き出せなくなってしまいます。すでにできていることを生かして、**楽しく動くこと（動かしてあげること）が大切**です。

② 遊具（道具）を使って、刺激―反応のムーブメントシステムをつくる

　支援者は個々に合った道具・音楽・ヒト・場のムーブメント環境設定で活動するなかで、支援される側の動きや反応を引き出します。**反応を待ち、生み出された反応を受け止め、それを生かして、応答性のある（一方的でなく、相互のやりとりのある）柔軟な活動を展開する**ことが望ましいです。

③ 遊びの喜びを豊富に与える

　ムーブメント活動は、**動くことが楽しい・心地よい、楽しいから心地よいからもっと活動したいという意欲**につながり、笑顔や快の表情が増え、気持ちの安定や生活の潤いにもつながります。

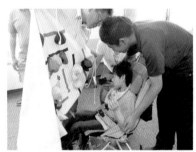

ビーンズバッグを支援者と一緒に握り、的につける

④ ヒトと物とを含めた環境からの問いかけに、変化を加える

　ムーブメント教育・療法では、**集団活動を行う環境でも、一人ひとりの「個」を大切**にします。同じ空間で一人（主役）の活動に対し、周りが応援する一体感のある楽しい雰囲気から、日常とは違う対象者の反応の変化が見られたりします。また、同じような動きでも、例えば、トランポリンを使って取り組んだ活動を、今度はバランスボールに変えて行うというように、遊具の種類や方法を工夫して変えることにより、自己表出やコミュニケーションの向上につながります。

手を伸ばしたくなる自作のパラシュートとムーブメントスカーフ

⑤ 健康と幸福感の達成を中心的ゴールにとらえる

　自ら動くことが困難な障がいの重い児（者）にとって、ムーブメント活動を通して楽しく身体を動かすことにより健康な身体がつくられ、可能性や笑顔が多くなることにより豊かな生活につながります。また、支援者にとっても大きな喜びになります。

❷ プログラム作成と実施上の配慮点

1）活動のテーマと目標（ねらい）の設定

　個別と集団、活動する時間や回数（毎日・週1回・月1回など）で行う場合で、違いがあります。まず、活動内容に応じて、テーマを設定します。季節や行事に沿った楽しいテーマを設定するのもよいでしょう。対象者の活動の姿を想定し、MEPA-ⅡRのアセスメントなどを活用し、発達段階や生活年齢を考慮して、達成したいねらい（目標）を設定します。

2）構成、展開上の留意点

　構成は「導入・展開（課題）・結び、まとめ（振り返り）」とし、静と動を組み合わせて行います。導入では、これから活動を始めることを意識して挨拶、呼名（例えば、あなたのお名前は〜など歌による方法もある）、身体部位に触れる（例えば、「あたま・かた・ひざ・ポン」などの手遊び歌に合わせて）軽い体操などのようなウォーミングアップを行います。次に課題に沿った展開を行います。

　課題は、感覚運動遊具を使って楽しく動き、自発的な動きや笑顔や快表出につながるように展開していきます。最後に活動の終わりを意識して、終わりの音楽を流す（例えば、毎回決まった音楽を流す）、活動の振り返り（例えば、一人ひとりの自己表出や動きなどを援助者が発表して、ほめる意味で拍手する）、動いた後にリラックスする活動（例えば、ゆったりした音楽とともにムーブメントパラシュートの風で心地よさを感じるなど）で終わります。

　また、導入・展開・結びのそれぞれに達成課題と配慮する留意点と準備物を記載することにより、一緒に活動を行うメンバーにもプログラムを共通理解した上で活動に臨めるので、大事なポイントとなります。ただし、活動する日の対象者の状態などで、あらかじめ予測していた反応や状況にならなかった場合は、無理に進めるのではなく、柔軟な対応で行うことが望ましいです。

❸ プログラム例

表7-1 障がいの重い児（者）の療育におけるムーブメントプログラムの例

テーマ	トランポリンで楽しくからだを動かしましょう			
ねらい （目標）	・楽しい揺れ刺激を味わいながら、抗重力姿勢を体験する。 ・触感覚刺激を体験し、身体像能力を伸ばす。 ・使える身体部位を活用した自発的な動きや快表情の表出を増やす。			
活動	内容・方法	達成課題	配慮する留意点	準備物
導入 （15分）	・はじめの挨拶 「これから○○を始めます」	活動の見通し	・活動が始まるわくわく感が感じられるようにする。	
	・呼名 「誰から呼ぼうかな？」 「名前を呼んでほしい人〜」 ♪あなたのお名前は〜	自発性の発揮 自己意識の獲得	・言葉かけに対しての個々の反応をみる。 ・反応した人から呼名する。	音楽（ピアノ伴奏など）
	・準備体操 あたま・かた・ひざ・ポンの歌をうたいながら身体部位に触れる。	身体意識触感覚の体験	・身体に触れている部位がわかるように言葉かけして触れる。	音楽
展開 （30分）	・トランポリンで揺れる。 ・車いすで安定した姿勢で揺れる。 ・上下・左右に揺れる。	自発性の発揮 前庭感覚の体験 身体意識の獲得	・「トランポリンやりたい人〜」と呼名と同様、個々の反応を見て順番に行う。 ・動きに合わせて音楽で援助する。 ・周りにいる人も一緒に応援する雰囲気づくりをする。 ・終わりにするか、続けるか表情、動きを見ながら判断する。	トランポリン 音楽
まとめ （10分）	・振り返り 一人ひとり、活動で自己表出できたことを発表・確認して、頑張ったことを拍手でほめる。	自己意識 集団参加の意識 達成感の獲得	支援者が手助け発表する時は、本人の顔を見ながら周囲とつなぐ。個々の頑張りをみんなでほめることで、他者とのつながり、意欲を高める。	
	・ムーブメントパラシュート 楽しい雰囲気を残しながら、ゆったりとした風を感じて終わる。	触感覚体験 心地よさの体験	これで終わりだと認識できるように、決まった音楽で終わる。	オーガンジーパラシュート 音楽
	・終わりの挨拶 「これで○○を終わります」	終わりの理解		

【引用・参考文献】
● 小林芳文監修／藤村元邦・飯村敦子・新井良保・當島茂登・小林保子編（2014）『障がいの重い児（者）が求めるムーブメントプログラム─MEPA-ⅡRの実施と活用の手引』文教資料協会

（柳澤美恵子・古谷久美子・窪田麻由）

3 障がいのある幼児の療育に生かす

❶ 発達につまずきがある幼児への支援の考え方

　発達につまずきのある幼児とはどのような子どもなのでしょうか？　ダウン症候群や自閉スペクトラム症、脳性まひなど、医師から何かしらの診断を受けている子どもはもちろんのこと、特に診断は受けてはいないものの、保護者が育てにくさを感じていたり、保育所や幼稚園などから集団行動の苦手さなどを心配されたりして、市町村の発達相談や児童発達支援などの療育機関などにつながっている子どもも含まれます。

　具体的には、言葉の遅れや運動の発達の遅れ、不器用、コミュニケーションの苦手さ、かんしゃく、切り替えの悪さ、落ち着きのなさ、興味関心の狭さ、こだわりの強さなどがあげられます。ここでは、そのような子どもたち、特に未就学の子どもたちに対して、ムーブメント教育・療法を活用して支援をしていく際に大切となるポイントについて紹介します。

1）子どもたち一人ひとりの特徴を具体的に知りましょう

　ムーブメント教育・療法は、**子どもの得意なことや好きなことなど、子どものもつ強みに焦点を当て、活動を展開**していきます。子どもの得意なことや好きなこと、興味のあることを知ることは、活動プログラムを考えていく上での重要なヒントになります。そして、子どもとコミュニケーションをとっていく際のきっかけにもなります。同様に苦手なことやどのようなときにパニックになりやすいかなどについて知っておくことも、子どもが示す行動の背景にあるものが見えやすくなり、対応について考えやすくなります。

　幼児期にさまざまな感覚を刺激することは、その後の全体的な発達を促すベースをなります。子どもの好きな感覚を知り、その感覚を刺激するムーブメント活動を提供することが、支援上、大切です。例えば、

①ダイナミックな揺れの感覚が好きな子どもには、ユランコや小型の3mムーブメントパラシュートの上に乗ってもらい、周囲を大人が持って楽しく揺らす活動。（写真①）

②フワフワとした柔らかい感触が好きな子どもには、ムーブメントスカーフを使って身体をタッピングしたり、たくさんのスカーフを「せーの」などのかけ声で上に投げ、

落ちてくる感触を楽しんだりという活動やスカーフを身体にまとい、お姫様や忍者に変身する活動（写真②）。

写真①

写真②

③数字が好きな子どもには、**ムーブメント形板を使った活動**（写真③）やカウントダウンを取り入れた活動。

写真③

　これらは、子どもにとって魅力的な活動になるでしょう。このようにまずは子どもの好きなこと、得意なことを支援者はたくさん見つけ、活動の中にたくさん取り入れていきましょう。その上でその子どもにとって課題になっていること（順番や協力、集中の維持など）をスモールステップで取り入れていくとよいでしょう。好きな活動の中であれば、苦手なことにも少しずつ取り組めるようになってきます。

2）保護者と子どもの小さな成長をたくさん見つけていきましょう

　保護者に対して支援を行っていくことは、幼児期の支援を考えていく上では非常に重要です。年齢が低い子どもの保護者は、わが子が日常の中で表すさまざまな行動に対して、とまどいや不安を抱きやすいことが考えられます。また、発達障がいの傾向がある子どもをもつ保護者は、子育てについてよりストレスを感じやすいといわれています。

　筆者が勤務する児童発達支援事業所では月に1回、親子でムーブメント療育を行う活

動を設けています。定期的に活動を行っている場合は、以前と比べてできるようになってくることが必ずあるため、活動中の小さな子どもの変化を支援者はとらえ、保護者に伝えていくことが大切になってきます。

　親子で活動していない場合でも、活動中に見られた子どもの変化を具体的に保護者に伝えていきましょう。最初は子どものできていない部分にしか目がいかなかった保護者も、徐々に子どものプラスの面を自ら感じることができるようになってきます。

3）親子のかかわりが促される活動を取り入れていきましょう

　親子でムーブメント活動を行う場合は、**親子のかかわりが促進されるような活動を意識的に取り入れていきましょう**。

　例えば、子どもをユランコやスカーフの上に乗せて、保護者が引っぱる活動や、子どもと保護者が手をつないでロープの上を歩いたり、**手をつないでスカーフのカーテンやトンネルをくぐったりする活動**（写真④）、パラシュートの上に親子で乗り、揺れを楽しむ活動などがあげられます。

　手をつなぐ感覚が苦手な子には、まずは**カラーロープやフープを一緒に持つことから始めるとよいでしょう**（写真⑤）。子どもと一緒に遊ぶのがあまり得意ではない保護者や緊張が高い保護者は、最初はどうやって遊んでいいのかわからず、部屋の端で立ち尽くしているなんてことがあります。そのため、親子で一緒に行う活動を設定し、繰り返し行っていくと、だんだんと保護者が場に慣れ、遊べるようになってきます。

　また、緊張や不安が高い子どもの場合は、最初はなかなか活動に入れないことも多いですが、お父さんやお母さんが楽しそうに遊んでいるのを見るとだんだんと「なんだか楽しそう」「ぼくもわたしもやってみよう」という気持ちが少しずつ芽生えてきます。

写真④

写真⑤

大人が楽しむ姿を見せながら、子どもの「やってみたい」と思うタイミングを待つことが大切です。

❷ プログラム作成と実施上の配慮点

　ここでは、児童発達支援事業所で行っている親子ムーブメント療育の例をあげながら、プログラムを作成する際の考え方（ねらい、流れ）や実施する際の配慮点などについて紹介します。

　筆者が行っている親子ムーブメント療育は、月1回日曜日に行っています。時間は90分で、毎回5〜10組程度の親子が参加しています。日曜日に行っているということもあり、お父さんやきょうだい児の参加も多く見られます。事業所によっては、障がい程度や年齢でクラスを分けている場合もあるかと思いますが、この事業所では、障がい種や障がい程度、年齢共にさまざまな子どもたちが一緒に活動をしています。そのため、ねらいは、発達段階の土台となる感覚運動期の中心課題である「基本的な動きの経験」や「身体を意識して遊ぶ経験」「さまざまな揺れの経験」などとしてプログラムの内容を考えています。

　また、全体のねらいとは別に、子ども一人ひとりに対しても簡単にねらいを考え、活動前にスタッフ間で共有しています。例えば、「ビーンズバッグを身体部位に乗せる」という活動（写真⑥）では、言葉の理解が得意なAくんは、「自分で身体部位を理解して乗せることができる」ということを、言語理解はあまり得意ではないけれど、他者への興味関心が高いBちゃんは、「見本を見て、ビーンズバッグを乗せることができる（模倣できる）」ということをねらいとします。

　そして、手や足を自分の意思で動かすことがまだ難しいCちゃんは、「お母さんやスタッフにビーンズバッグを身体部位に乗せられることによって、重みを感じる」というように考えていきます。さまざまな発達段階の子どもがいる場合は、障がいの重い子や活動に乗りにくい子が好きな活動を必ず一つは入れるようにするとよいでしょう。

　次に活動の流れ（構成）と展開する上で意識している3つのポイントについて紹介します。実際の大まかな活動の流れ（プログラム）は以下のよう

写真⑥

になります（表7-2）。

　1つめは、メインの活動以外は、毎回ほぼ同じ流れで行っています。**同じ流れで行うことで、子どもたちは見通しをもちやすくなり、安心して主体的に取り組めるようになります。**最初は、活動の切り替えが苦手な子どもも繰り返し経験することで見通しがもて、スムーズに取り組むことができるようになります。また、同じ内容を繰り返し行うことでスタッフや保護者は子どもの成長の変化が見えやすくなります。

　2つめは、メインのプログラムでは、なるべく**季節感が感じられるテーマを設定して**います。例えば、桜や鯉のぼり、雨、海、運動会、クリスマス、雪などその季節にあったテーマを取り入れます。風船やお花紙、スズランテープなどは、環境をつくる際に役立つアイテムです。子どもたちにとって身近なテーマを設定することで、少しずつイメージする力が促され、時には、支援者が思いもよらないような発想が子どもたちから生まれてくることもあります。同じような動きの活動でもテーマを変えることでプログラムのバリエーションが広がります。

　3つめは、**動と静の動きを活動の中で意識できるように**しています。動と静を意識して動くということは、自分の行動や気持ちをコントロールすることにつながっていくからです。音楽のリズムに合わせてさまざまな動きをする「走行ムーブメント」では、歩く、走る、ジャンプ、スキップ、止まるなどの動きに加え、「ゆっくり」や「そっと」歩くなど、動と静を組み合わせた内容にしたり、最後のパラシュートの中に入る活動では、子どもたちにマットの上に寝っ転がってもらい、音楽をゆっくりめの曲にし、リラックスした状態（静の状態）で終了するようにしています。

　他にも活動を展開する上では、安全面に気をつけることはもちろんのこと、親子で活動している場合は、保護者に活動のねらいを具体的に伝えたり、家庭でできる工夫（ユランコをバスタオルで代用できることや、風船にビニールテープを放射状に**貼る**（写真⑦）ことでボールのように弾むようになることなど）を積極的に伝えたりしています。

写真⑦

表7-2　児童発達支援事業所で行っている親子ムーブメントの流れ

活動名	活動内容
①フリームーブメント （30分）	・ムーブメント遊具で自由に遊ぶ。
②水分補給、お名前呼び	・一人ずつ名前を呼び、タンブリンを叩いて返事をする。
③走行ムーブメント （15分）	・音楽のリズムに合わせて、ビーンズバッグの周りを歩く、走る、ジャンプするなど基本的な動きを楽しむ。音楽が止まったら、動きを止め、ビーンズバッグを身体部位に乗せ、5秒間静止する。（写真⑧） 写真⑧
④メインムーブメント （20分）	・その月々で、ムーブメント遊具や風船、新聞紙などを使った活動を楽しむ。
⑤パラシュート 　ムーブメント（20分）	・パラシュートのトンネルをくぐる。 ・5mパラシュートの上に子どもたちが乗り、大人が周囲を持ってパタパタと動かす。（写真⑨） 写真⑨ ・3mパラシュートの上に一人ずつ乗る。大人がパラシュートの周囲を持ち、パラシュートを上下する。子どもはそれぞれリクエストした曲に合わせてダイナミックな揺れを楽しむ。 ・5mパラシュートの下に子どもたちが入り、大人がパラシュートの周りを持ち上下する。（写真⑩） 写真⑩ ・パラシュートの風やファンタジックな空間を楽しむ。パラシュートをとばす。

ムーブメント療法論（発達障害・療育支援）

❸ プログラム例

表 7-3　障がいのある幼児のためのムーブメントプログラムの例

タイトル	春の風になろう		
ねらい	・手指の操作性を養う　・視覚、触覚を刺激する ・親子で一緒にからだを動かし、楽しさや達成感を味わう		
活　動	内容・方法・はたらきかけ		
フリー ムーブメント （30分）	・好きなムーブメント遊具で遊ぶ。 ※子どもの自発的な動きを大切にする。 ※親子で楽しめる環境を提供する。 ※子どもの興味関心をアセスメントする。		
お片づけ	・子どもと一緒に遊具を片づける。		
水分補給＆呼名 （5分）	・各自水分補給をする。 ・マット上に座り、一人ひとりの名前を呼ぶ。呼ばれた子は、タンブリンで応える。 ※一人ひとりのペース、表現方法を大切にする。		
走行ムーブメント （15分）	・音楽に合わせて、それぞれの移動スタイル（独歩・車いす・抱っこ）でビーンズバッグの周りを歩く・走る・ジャンプ・スキップする。 ・音楽が止まったら、ビーンズバッグを指示された身体部位に乗せる（5秒静止）。 		
春の風になろう （20分）	①一人1枚スカーフを持ち、声かけに合わせてギュギュッパをする。 ②カウントダウンでスカーフを上に投げる。 ③スカーフを声かけに合わせて振る。（大きく、小さく、ゆっくり、速く） ④ピアノの曲に合わせて、スカーフを自由に振る。 ※子どもたちの自由な動きを引き出す。 		

| パラシュート
ムーブメント
（20分） | ①ムーブメントパラシュートのトンネルをくぐる。

②3mパラシュートに一人ずつ乗り、好きな曲をリクエストする。
大人はパラシュートの周囲を持ち上下に揺らす。
※子どもの様子に合わせて、揺れの大きさを調整する。

③子どもは5mパラシュートの中に入り、大人はパラシュートの周囲を持ち上下に動かす。
1、2、3のかけ声に合わせてパラシュートをとばす。 | 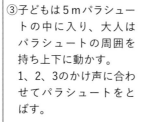
 |

【引用・参考文献】

● 小林芳文・是枝喜代治・飯村敦子・雨宮由紀枝編著（2021）『運動・遊び・学びを育てるムーブメント教育プログラム100─幼児教育・保育、小学校体育、特別支援教育に向けて』大修館書店

（袴田優子）

4 知的障がいのある児童の支援に生かす

❶ 知的障がいのある児童への支援の考え方

　知的障がいのある児童は、推論、計画、問題解決、抽象的な思考、複雑な理念を理解すること、速く学ぶこと、経験から学ぶことなどの能力に遅れが見られ、症状の程度によって軽度、中等度、重度、最重度の4つの段階があります。

　例えば、教師が絵や写真を見せて説明している場面で、目や耳から入ってくるたくさんの情報に一度に注意を向けて、その中から今必要な情報だけを取り込むことが苦手だっ

たり、過去の経験や記憶と結びつけて判断することが難しかったりします。そのため、学習の積み重ねや、概念形成に困難な様子が見られます。獲得した知識や技能を応用する力が弱いので、実際の場で活かされにくいこともあります。また、音声による言葉や文字を理解することが難しく、物の名前や動作、様子を表す言葉を知らなかったり、話されたことをイメージすることが難しかったりする場合もあります。

　他に、知的障がいのある児童は運動が苦手だったり、手先が不器用だったりすることも多く、やり始めてもうまくいかないという日常の体験から、自信をもってやり遂げる経験が少ないことが考えられます。

　ムーブメント教育・療法では、児童の発達段階に合わせて、いろいろな遊具を操作しながら身体を動かすことを通して、ルールを理解したり、動作に動きの言葉を添えて言葉を獲得したりする支援プログラムを大切にしています。そのため、児童の興味のある活動を取り入れ、意欲を引き出し、成功体験を重ねて達成感と自信につなげることで、学んだことを生活に生かすことにつなげていくことが重要です。

❷ プログラム作成と実施上の配慮

1）実態把握

　知的障がいの症状によって児童一人ひとりの実態は異なります。MEPA-R プロフィール表によって、得意なこと、苦手なこと、芽生えの課題を確認します。このことを把握しておくことで、集団のプログラムを実施する際にも、児童にとって簡単な課題では少し負荷をかけて挑戦できるようにしたり、難しい課題では成功できるように手立てを講じたりとその場で工夫することができます。

　また、児童の好きなこと（車や電車、キャラクター、走ること、ボール遊びなど）を把握しておくと、プログラムに取り入れて、「やりたい」「もっと」という意欲を引き出すことができます。

2）説明の言葉は少なく

　プログラムを行う際には、まずは一つの動きをいろいろな状況を工夫しながら促します。例えば「みんなでロープを持ちましょう」と持ちながら歩いている間に輪になります。そこに音楽が加わり、タンブリンが「パン」と鳴ると音楽が止まり、みんなの動きも止まります。「上手に止まれたね。また、パンと鳴ったら止まれだよ」と伝えてまた歩き

始めます。何度か繰り返し、「パン、パン」と2回鳴ったら反対方向に進むなど、徐々に活動のルールを増やしていきます。

　知的障がいのある児童は、活動の前にルールをたくさん伝えられても覚えることが難しいのです。しかし、覚えたことに少しずつ、わかりやすいスモールステップでのルールが加わり、しかも身体を動かす活動があれば、内容をイメージでき、理解しやすくなります。

3）挑戦したり、考えたりする場面を設定

　いくつものムーブメントロープを越えてゴールする活動の場面です。最初は低いロープをまたぎながらゴールします。何度か繰り返した後、今度は高いロープになり、児童は、くぐりながらゴールします。どちらも十分に経験した後、斜めの高さのロープが提示されました。児童はどうするでしょうか。ある児童は低いところに行ってまたいでいきました。ある児童は高い所に行ってくぐっていきました。児童によって、簡単な高さを選んだのかもしれませんし、難しい高さに挑戦したのかもしれません。スタートからゴールまでロープを越えていくという課題に変わりはないのですが、ロープの高さという環境を変化させることで、児童が主体的に考え、身体の動かし方を工夫することができるのです。

　この他、プログラムを作成する際には、例えば、ビーンズバッグやボールを的に入れる活動では、投げる位置や的の大きさを選択したり、ボールの種類を選んで挑戦したりできるような工夫をします。キャスターボードで障害物コースを進む活動では、ジグザグコースや斜面コース、平均台をくぐるコースなど、児童がやりたいコースを選択して挑戦できるようにします。やってみたいという主体的な気持ちで挑戦することで、どうやったらうまくできるのかという考えが働き、児童自身の身体の動かし方を学んでいくことになると考えます。

プレーバンドに触れないようにゴールまで進もう

4）他者とかかわる場面を設定

　他者と遊具を受け渡しする場面で「どうぞ」「ありがとう」とやりとりする機会があることで、どんなときに使う言葉なのかを動作と一緒に学ぶことができます。また、ニ

人組やグループで行う活動では、相手に合わせて動くためにどうしたらよいかを考えたり、順番を学んだりする機会となります。

5）振り返りの場面を設定

　プログラムの内容は、はじめに必ず、番号を付けて文字と絵でホワイトボードに示します。活動を始める前に「今日は4つ活動があるんだな」とか「最後にパラシュートがあるよ」などと見通しをもつ

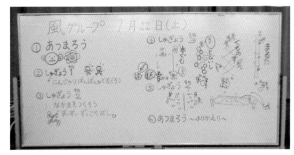

今日のプログラムの内容を確認

ためでもありますが、活動が一つ終わるごとに、「今、これが終わったな」「次はこれだな」と、時間の経過を確認できるのです。さらに、すべての活動の終了後に「どれが楽しかった」「どれを頑張った」と振り返ることができるのです。

　ホワイトボードを指さして答える児童もいれば、言葉で説明する児童もいます。振り返ることで「またやりたい」「今度はこんなふうにやってみたい」などと次の意欲や目標につながります。何より、振り返る行為そのものが、児童自身の行動を客観的に見る機会となり、行動を自己コントロールする力になっていくのです。

❸ プログラム例

表7-4　社会性と創造性・知覚−運動連合を育てるプログラム例「パラシュートの海へ行こう」

配時 （分）	活動内容	支援ポイント	ねらい	準備物など
3 12	（今日の予定を聞く） **1　バスに乗って出発だ** ①バスに見立てたフープに入って走る。 ・「ブッブー」のクラクションで止まる。 ・信号が青になったらスタートする。 （イラスト）	文字、絵などで示す。 バスの歌でイメージをもてるようにする。 信号の意味確認 色の変化に注目するように動かす。	• 見通しをもつ • 創造性 • 聴覚−運動連合 • 視覚−運動連合	• ホワイトボード • フープ • キーボード • クラクション • 赤黄青のカード

	②フープをつなげるなどして大型バスにする。 「ここからは2人乗りです。どうやったらいいかな」と考えるよう促す。 2人乗り→4人乗り→8人乗り 「海に着いたよ。バスから降りよう」	フープをつなげたり、重ねたりした様子を紹介する。 友だちの様子を見て考えるきっかけにする。	・社会性 ・思考力	

15	**2 波がきた** ①ロープにスカーフをかけ、波に見立てる。 ・好きな色のスカーフと洗濯ばさみを2個もらいに行く。 「何色が欲しいか伝えてね」 「もらったらなんて言うのかな」 ・ロープにスカーフをかけ、両端を洗濯ばさみで止める。	イメージがもてるように波の見本を見せる。 もらい方の見本を見せる。 欲しい色を言ったり指さしたりやりとりを促す。	・創造性 ・コミュニケーション ・手指の巧緻性	・ムーブメントロープ ・ムーブメントスカーフ ・洗濯ばさみ

②ロープを振って大波小波を表現する。（上下、前後）
③大きい波にしよう（ロープをつなぐ）。
④波をくぐろう、飛び越えよう。
　大きい波が押し寄せてきたときに、しゃがんだり、ジャンプしたりする。
「海の向こうに魚の卵があるよ。大きい海で泳ぎたいって」

ムーブメント療法論（発達障害・療育支援）

10	3　海に落ちないように魚の卵を取りに行こう	児童の実態に応じてさいころブロックやフープの並べ方を変え、挑戦と成功体験を重ねる。	・バランス ・物の操作 ・社会性	・巧技台 ・さいころブロック ・フープ ・ロープ
	①好きなコースを通って魚の卵（カラーボール）を取りに行く。 ・巧技台をつなげたコース ・さいころブロックを並べたコース ・フープを並べたコース ・ロープのジグザグコース ②好きな入れ物を持って取りに行こう。 ・ビニール袋・バケツ・2人で持つかご 「たくさん集まったね。パラシュートの海に入れてあげよう」			・ビニール袋 ・バケツ ・かご
10	4　ムーブメントパラシュートの海で遊ぼう		・社会性 ・ファンタジー ・全身運動	・ムーブメントパラシュート
	①パラシュートの波上に魚の卵を乗せ、パラシュートを振って波をつくる。 ②パラシュートの波の上を歩いたり、泳いだりする。	タイミングを合わせて振るように「上、下」の声かけをする。 児童の動きを紹介し、考えるきっかけにする。		
	③パラシュートをとばす。 ・1、2、3の合図で上下し最後に放す。 （振り返りをする） ・楽しかったこと、頑張ったことなど	ホワイトボードを見せて活動を思い出せるようにする。	合図を聞いて動く	

【引用・参考文献】

● 尾崎康子・小林真・水内豊和・阿部美穂子編（2010）『よくわかる障害児保育』ミネルヴァ書房
● 小林芳文監修／是枝喜代治・飯村敦子・阿部美穂子・安藤正紀編著（2017）『MEPA-R活用事例集―保育・療育・特別支援教育に生かすムーブメント教育・療法』日本文化科学社

（近江ひと美）

5　発達障害のある児童の支援に生かす

❶ 発達障害のある児童への支援の考え方

1）発達障害の種類

　文部科学省の有識者会議により最終報告された「今後の特別支援教育の在り方について」
（2003年3月）では、通常の学級に在籍する児童生徒で知的発達に遅れはないものの学習面
または行動面で著しい困難を示す児童生徒の割合は6.3％に及ぶという結果が示されまし
た。また、同じく文部科学省が2022年12月に発表した調査結果では、通常学級に在籍す
る小中学生の8.8％に発達障害の可能性のあることが明らかになっています。特別支援学
校や特別支援学級のみならず、通常の学級に在籍している特別なニーズのある子どもに
対しても必要な支援や指導の展開がさらに求められています。

　発達障害の概念については、障害児教育行政と医学領域のそれぞれで範疇（はんちゅう）が異なって
いることから、概念規定に曖昧さが残っています。ここでは、発達障害を学習障害（LD
※診断名「限局性学習障害（SLD）」）、注意欠如・多動性障害（ADHD）、高機能自閉症やア
スペルガー症候群を含む自閉症スペクトラム障害（ASD）、発達性協調運動障害（DCD）
として、発達障害のある児童への支援の考え方について扱います。

　発達障害の児童には、運動面での不器用さや教科学習上での困難さ、コミュニケーショ
ンや社会的な困難さなど、それらが複合的な課題となって認められることが多く見られ
ます。**困難さの克服に重点を置くのではなく、楽しく取り組めるムーブメントの活動を
取り入れることにより、児童は自らの力を引き出し、充実感や満足感を得ることができ
ます。**「またやりたい」という気持ちは、さらに児童の主体的な活動を促し、情緒や社
会性を育み、**自己肯定感**へとつながります。

2）発達障害とMEPA-R（Dパターン）（Eパターン）

　MEPA-Rのプロフィール表は、支援の方向性やムーブメントプログラム作成の指針と
なります。

　運動・感覚分野は良好ですが、言語、社会性分野が未発達なDパターンは、ASD児に
多く見られます。未発達な言語や社会性に目を向けて無理に克服させようとするのでは

なく、まず、**優れている、得意な運動・感覚分野の活動を中心にする**ことが重要です。楽しく動的な環境の中で、少しずつ集団意識や社会性を促すスキルを拡げながら、認知や言語の発達を支えるプログラムが推奨されます。

　また、LD児やADHD児などの発達障害児に多く見られるEパターンでは、創造的な運動を中心に、多様な活動のプログラムが推奨されます。さまざまな遊具や教材、音楽など、環境の力を活用して、変化のある繰り返しの中で、発展性のあるプログラムを用意します。**できるかぎりムーブメントの課題を子ども自身に解決させながら、高次な認知機能や表現能力の発達を支えるプログラムを展開します。**

　発達障害のある児童に見られる動きのぎこちなさやバランスの悪さから、運動することを苦手としている児童が多くいます。「身体的な不器用さ」は、教科学習や日常生活のさまざまな面に影響します。運動遊びを通して、楽しく動きづくりや身体意識を育み、創造的な活動につながるムーブメントプログラムを計画することが大切です。児童が自ら進んで動きたくなるような環境や遊具を用意し、動くことを学び、動きを通して社会性やコミュニケーションの力を伸ばしていきます。

❷ プログラム作成と実施上の配慮点

1）目標設定

　楽しく動的な環境の中で、子ども自身がムーブメントの課題を解決しながら集団意識や社会性を育むとともに、創造的な活動を取り入れながら認知・言語機能や運動・感覚機能を高めていくことを目標とします。

2）構成

　プログラムの展開については、やさしい内容のものから難しい内容へと発展させていくことが基本です。プログラムを実際に展開する場面では、児童の年齢や発達段階に応じて、プログラムの順番を入れ替えたり、修正を加えたりしながら進めます。児童の反応に応じて、プログラムを修正する柔軟性も必要です。

　プログラムのはじめには、**フリームーブメントを取り入れる**ことで児童もスムーズに活動に入ることができます。児童がさまざまな遊具に興味をもち、自由に触れることで、主体性を引き出し、円滑にプログラムの展開に入ることができます。また、ムーブメント遊具を使ってサーキットのコースをつくることで身体をほぐし、ムーブメントプログ

ラムの導入とすることも有効です。

　さらに、活動する季節に応じた行事をテーマに設定したプログラムや童話などをモチーフにした**ストーリー性のあるプログラム**は、児童のイメージを膨らませることができ、活動への意欲と創造性を豊かに引き出します。

3）展開上の留意点

①運動の基本形

　スキップ、ホップ、ジャンプなどの基本的な動きを数多く経験できるようにします。

② 動と静・緩急

　比較的活発な活動の次には楽な活動がくるように、速い動きの次にはゆっくりな動きがくるようにします。

③ 反復と変化のある繰り返し

　以前行った運動を復習したり反復したりします。その際には、いくつかの新しい要素や運動を加えて変化のある繰り返しの活動を行います。

④ 移動を要しない運動と移動を含む運動

　移動をしないで行う運動と移動を伴う運動を取り入れます。

⑤ 個から集団へ

　コミュニケーションが苦手な児童も1人で行う活動から、2人、3人、グループで行う活動に展開していくことで、児童間の関係をつくることにもつながります。

⑥ 記憶力、集中力、連合過程を意識した活動

　ムーブメントプログラムの中で記憶力、集中力、連合過程が伸びることを意識した活動を行います。

⑦ 快を伴う楽しい活動

　児童の実態や興味に基づく内容や課題を準備し、それが達成されることで児童に達成感や自己肯定感を与えられる活動を行います。児童が楽しかったと感じられる活動であることが大切です。そのためには、個々人あるいはグループ間の競争は排除します。児童が自らの行為に集中するため、競争は自分自身の活動の中で行われるようにします。児童の喜びや意欲を生むことは、情緒の発達を促すことにもつながります。

❸ プログラム例 「冬のムーブメント運動」

　冬をテーマにしたムーブメントを、ビーンズバッグやハットフリスビー、スクーターボードやパラシュートを中心とした活動で行いました。それぞれの遊具を使った活動を行った後は、冬休みを前に「もうすぐクリスマス」というテーマでストーリー性のあるムーブメントプログラムを行いました。

　「冬のムーブメント運動」では、子どもたちの「強み」を活かした展開の中で、課題である社会性やコミュニケーション能力を高めるため、カラーコップやスティックを使ったムーブメントプログラムを展開しました。

1）スクーターボード

　スクーターボードは、厚めの合板にキャスターを4個つけた児童が大好きな移動性の遊具です。腹這いや座位姿勢で乗り、手や足を使って進んだり、回転したりして、加速度刺激や回転性の前庭感覚刺激を楽しむことができます。（写真①）

　1人で乗る活動では、障害物を避けたり、くぐったりします。座位でロープをたぐって進んだり、ボードに背中をつけて仰向けでたぐって進んだりすることもできます。また、背中を押してもらったり、フープやロープを使って引っぱってもらったりして進むことで2人組での活動に拡がります。長いロープにみんなでつかまって引っぱってもらう活動は、集団での一体感や達成感を味わうこともできる楽しさがあります。

　スクーターボードの上に平均台を乗せて児童がまたがることで、みんなが乗れる乗り物にすることもできます。（写真②）

写真①

写真②

2）カラーコップムーブメント

　ロープで好きな形をつくり、その線に沿ってカラーコップを並べ積み上げます。単純そうな課題に思えますが、上手に積み上げていくためには、コップ同士の間隔を意識したり、積み上げる時の集中力や目と手の協応動作が必要だったりします。カラーコップを倒さないようにするために、その間を通ったり、またいだりなど、自分の身体意識も必要となります。

　みんなで一つの作品をつくるには、子ども同士での協力やコミュニケーションが必要です。できあがった立体に、満足感や達成感を味わうとともに児童全体での一体感も味わうことができます。（写真③）

写真③

3）スティックムーブメント

　長さの違うスティック（棒）の両端には、カラーテープが巻かれています。両端の色は、「青－黄」「黄－赤」「赤－青」の組み合わせになっています。それぞれの棒の端の同じ色を接続部分にしながら形を構成していきます。（写真④）

　次に「青・黄・赤」のカラーコップを目印として置き、その色とスティックの両端の色が同じになるように置いていく活動に発展させていきました。はじめは、カラーコップが置かれているだけのフロアに、スティックが置かれていくことで次第に形が現れてきます。子どもたちは興味をもってその様子を見守り、どんな形ができあがるのか想像していきます。

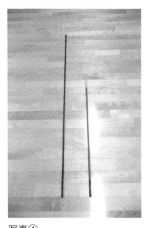
写真④

写真⑤

　スティックは2人で持って活動しました。それぞれが端を持って、自分の端の色とカラーコップとの色を対応させて置いていきます。相談したり、考えたり、協力しながら活動します。個々の関係づくりや、みんなで一つのことに取り組むことの楽しさ、その過程で必要となるルールや協調性を少しずつ身につけていきま

す。（写真⑤）

　さらに、スティックで結ばれた線に沿って、カラーコップを並べたり積み上げたりしました。線が立体化することで、さらに楽しく活動することができました。

４）「もうすぐクリスマス」

　「スクーターボード」や「カラーコップ」「スティック」を使ったムーブメントを経ながら、間近に控えたクリスマスの世界へ、ストーリー性のあるプログラムを単元の最後に行いました。ハットフリスビーを滑らせることから始まる氷の世界、ビーンズバッグを投げあげながらつくる雪の世界、スクーターボードでのそり遊びへと展開しました。

　その後でスティックムーブメントを取り入れました。カラーコップにスティックをつなげていくことで、少しずつ浮かび上がってくるクリスマスツリー。線が全部つながった時には、みんながその形が何であるのかがわかり、達成感を味わうことができました。カラーコップを並べ飾りつけもしました。（写真⑥）

　最後のパラシュートでは、みんなで大きなクリスマスケーキをつくります。そして、その中で活動の振り返りをみんなでしながら、クリスマスへと胸をふくらませていきます。ファンタジーの世界へ誘われながら、楽しく取り組むことができたプログラムの一例です（表7-5参照）。

写真⑥

表7-5　発達障害のある児童のためのムーブメントプログラムの例

○○小学校　仲よし級　ムーブメントプログラム「もうすぐクリスマス」		
ねらい	感覚運動機能の向上	： 感覚を育てる、動きの基本を育てる
	身体意識の形成	： 身体像、身体図式、身体概念を育てる
	粗大運動の操作性の形成	： 初歩的な操作能力を育てる

配時	活動	内容・方法	達成課題	配慮すべき点	準備
10分	はじめのはなし・フリームーブメント	【氷がはった・雪が降ってきた】 ・ハットフリスビーを滑らせる。ビーンズバッグを投げあげる。	自主性 自発性	・子どもの意欲を大切にして、いろいろな動きに取り組めるように支援する。	・ロープ・パイプ ・平均台・トンネル ・ハットフリスビー ・ビーンズバッグ
10分	《スクーターボードムーブメント》	【そりあそびをしよう！】 ・座位姿勢・伏臥位姿勢で乗る。 ・手でこぐ。 ・手やフープで引っぱる。 ・長いロープにみんなでつかまる。	身体意識 加速度刺激 前庭感覚刺激	・スクーターボードと他の遊び、ムーブメント遊具を組み合わせて、子どもたちの楽しい雰囲気を応援する。 ・みんなで一本のロープにつかまることで楽しさを共感し、一体感を味わわせる。	・スクーターボード ・フープ ・パイプ（コーン） ・平均台 ・ビーンズバッグ ・スカーフ
20分	《スティックムーブメント》	【ツリーをつくろう】 ・カラーコップに注目し色を対応させながら棒を置いていく。 ・できあがった輪郭に沿ってカラーコップを置いていく。 ・ビーンズバッグで飾りをつける。	空間意識 色の知覚・弁別 目と手の協応・操作性 創造性 協応性	・どんな形ができあがるのか想像させながら取り組ませる。 ・棒の両端の色に注目させながら、つなげさせる。 ・複数で協力して考えるよう促す場面もつくる。	・カラーコップ ・棒 ・ビーンズバッグ ・ハットフリスビー
10分	《パラシュートムーブメント》	【雪がふってきた】 ・ファンタジーの世界を楽しむ。 ・パラシュートを使ったさまざまな活動や刺激を楽しむ。 ・友だちとのかかわりを大切にしながら、みんなで活動する喜びを感じる。	社会性 創造性 前庭感覚刺激 ファンタジー	・スタッフも一緒に動き、パラシュートの動きの流れをつくる。 ・子どもの心を揺さぶる環境を設定する。	・ムーブメントパラシュート（紙吹雪）
5分	ふりかえり	・活動をふりかえる。	短期記憶	・みんなで活動を共有する。	

【引用・参考文献】
- 小林芳文・大橋さつき・飯村敦子編著（2014）『発達障がい児の育成・支援とムーブメント教育』大修館書店
- 小林芳文・是枝喜代治・飯村敦子・雨宮由紀枝編著（2021）『運動・遊び・学びを育てるムーブメント教育プログラム100─幼児教育・保育、小学校体育、特別支援教育に向けて』大修館書店
- 小林芳文監修/是枝喜代治・飯村敦子・阿部美穂子・安藤正紀編著（2017）『MEPA-R活用事例集─保育・療育・特別支援教育に生かすムーブメント教育・療法』日本文化科学社
- 小林芳文編著（2006）『ムーブメント教育・療法による発達支援ステップガイド─MEPA-R実践プログラム』日本文化科学社
- 小林芳文著（2001）『LD児・ADHD児が蘇る身体運動』大修館書店

（大越敏孝）

6 インクルーシブ保育に生かす

❶ 多様な実態の幼児集団を支援する考え方

　わが国では、インクルーシブ保育を目指す動きの中で、障がいの有無にかかわらずすべての子どもが一緒に楽しんで活動できるムーブメント教育に、今、改めて注目が集まっています。阿部（2009）は、保育士・指導員を対象とした調査を通し、ムーブメント教育・療法は発達に気がかりのある子どもの社会性や情緒、活動参加意欲の問題に対応できること、周りの子どもに及ぼす効果も得られ、年齢などを問わず実施できることを確認し、特に障がいのある子どもや発達に気がかりのある子どもを含む集団保育活動プログラムとして有効であることを報告しています。

　保育でムーブメント活動を取り入れることの最大の魅力は、保育者自身も楽しめることであり、保育者が無理せず楽しめる活動は、精神的な健康増進にも役立ちます。**ムーブメント教育は、子どもと保育者がともに楽しめる保育・教育方法として、双方に意義がある活動です。**

　インクルーシブ保育を実践している保育所・幼稚園・こども園などでは、どのようにムーブメント教育を取り入れているのでしょうか。小林ら（2010）は、長年にわたりムーブメント教育をインクルーシブ保育に取り入れている保育所を対象に、包括的保育に結びつけたムーブメント教育の実践分析を実施し、障がい児のための特別な遊具や設備、備品

がなくても、子どもが自然に「触りたくなる」「動きたくなる」ように、保育室にある身近なものを加工して子どもの楽しめる遊具を作ったり、環境づくりをしたりするなどの工夫がされていることを明らかにしました。

　また、実践している保育者からは「『子どもの楽しい活動を膨らます』『子どもの発達を見極め、感覚、知覚、高次認知を支える』という、ムーブメント教育・療法の視点を保育士がもっていれば、遊びのツールづくりも活用も容易である」という意見も聞かれました。つまり、基本的な知識があれば、ムーブメント教育・療法は、保育者にとって馴染みやすく実践しやすい支援方法であると言えます。

　アセスメントとプログラムが一体化しているムーブメント教育・療法は、どのような発達段階にある子どもであっても、どのような発達ニーズをもつ子どもであっても、一人ひとりに寄り添い、活動することを保障できる支援法（小林, 2010）であり、インクルーシブ保育の実践においてきわめて有効な支援方法です（小林・河合, 2021）。身体機能の向上や発育を促すだけではなく、情緒や社会性などの諸機能の発達を促し、自発性や自主性を支援する効果をもつことから、できるかぎり早期から適切な支援を受けることが可能となるように、障がいについて特別な専門的知識がない保育者でも行える保育プログラムとして活用することが望まれています（河合, 2020）。

大人も子どもも一緒に力を合わせてパラシュートで雪を降らそう

❷ プログラム作成と実施上の配慮点

　子どもたちが集団で楽しみながら一つの遊具や用具などを一緒になって使うことで喜びを共有することができる「遊び」の要素をもったムーブメント教育・療法のプログラムは、「フリームーブメント」と「課題ムーブメント」の大きく2つの流れからなるプログラム構成で実施されています。何を目的とした活動なのかが明確になるように、MEPA-Rなどのアセスメント（第6章参照）に基づいて作成された毎回のプログラムには、それぞれの課題があげられています。ムーブメント教育においては、楽しく身体を動かすことを中心に、ムーブメント遊具（スカーフやロープ、ビーンズバッグ）などの多様な遊具や音楽による環境などの、場づくりが重要な役割を占めています（藤井他, 2006）。

ムーブメント教育・療法のアセスメントである、わが国で開発されたMEPA-R、MEPA-ⅡRは、米国において評価を得ている、子育て支援の基本であるプレイ・ベースのアセスメントや、療育・教育支援プログラムにつなげられるカリキュラム・ベースドアセスメントと同様の機能をもっており、療育支援において有効活用できます（藤井他, 2006）。前述したように、ムーブメント教育・療法は子どもの運動スキルや身体意識、心理的諸機能、情緒・社会性の発達の実態を把握することができるアセスメントと、遊びの要素を取り入れたプログラムが一体化しているため、発達特性がさまざまに異なる子どもに応じた支援が可能となります（河合, 2020）。

　ムーブメント教育・療法には、保育者・指導員らの視点から、個に応じて多様な取り組みが求められる保育・療法の実践に活かすことができ、特に障がい児や発達に気がかりがある子どもを含む集団での活動プログラムとしても導入できる可能性（阿部, 2009）があります。

「同じ色にしようかな」「同じ形にしようかな」「同じ数にしようかな」自分で取り組む課題を選ぶ

　さらに、ムーブメント教育・療法では、プログラムの中に注意力、集中力、目的志向性などを支援する心理的諸機能の課題を取り入れていることや、感覚運動を介して座る・立つ・走る・歩く・投げる・つかむなどの身体動作に合わせて言語・社会性の基礎的な能力の伸びの支援に結びつけている（末光他, 1996）ことから、子どもの発達全体に応じたプログラムをスモールステップで行うことで、意欲や達成感を得ることができ、発達の好循環が生まれるのです。先行して発達した運動スキルを土台とし、言語・社会性スキルの発達が促進されると言えます（河合, 2020）。

❸ プログラム例

1）事例1：知的障がいをともなう自閉スペクトラム症幼児（ASD児）を含む　　　クラスの場合

　ある事例のプログラムの紹介をします（表7-6）。MEPA-Rの結果から言語・社会性の発達に支援を必要とする子どものため、好きな遊具を友だちと共に使う活動によって他者意識が生まれやすく、クラス全員でも活動できる点に着目し、ムーブメントスカーフ、

ムーブメントロープ、ムーブメントパラシュートなどを使用しました。

　普段の保育活動とは違うプログラムであり、その場の雰囲気や遊具に慣れるため、最初はフリームーブメントとして自由に遊具に触れる時間を設け、引き続き課題プログラム、そして最後には振り返りを行うことも含め、一定のプログラムの流れとしました（河合, 2020）。

　課題プログラムでは、社会性などヒトとのかかわりを育てることを意識し、ムーブメント遊具を介して、友だちと遊びながら楽しめる活動を設定しました。

表7-6　知的障がいをともなう自閉スペクトラム症幼児を含むクラスの保育プログラム

年　齢	4歳児	ねらい：集団でのプログラムを通して、社会性、友だちとのかかわりを育てる。		
配時	活動	内容・方法	達成課題	支援のポイント
10分	フリームーブメント	• スカーフを上に投げたり、ゆらゆら揺らす。	社会性 自主性	• 子どもの自発的な活動を大切にする。
10分	お友だちを知ろう！（呼名）	• 〜さんどこでしょう。	自己意識	• 友だちとぶつからないようにする。
	みんなで橋を渡ろう！（ムーブメントカラーロープ）	• 直線のロープの上を前・後ろ・横歩きで渡る。 • ジグザグのロープの上を歩く。 • 何色かのムーブメントカラーロープを置き、指示された色のロープの上を歩く。 	身体意識 平衡感覚	• リズムに合わせて楽しく歩く。 • なるべくロープから落ちずに歩けるよう促す。
10分	力を合わせて風船運び	• ムーブメントスカーフに風船を乗せ、2人で運びカゴに入れる。 	協調性 社会性	• 友だちとペースを合わせて風船を落とさないよう運ぶ。

10分	みんなでやろう！ パラシュート プログラム	• ムーブメントパラシュートで大波、小波をつくる。 • パラシュートに風船を乗せ、落とさないように操作する。	協調性 社会性 操作性	• 歌に合わせて動きを表現する。
5分	振り返り		記憶の 再現	

出典：河合（2018）「幼稚園におけるインクルーシブ教育のためのムーブメント教育・療法の活用—社会的相互作用に焦点をあてて」『児童研究』97. p.30-36

2）事例2：肢体不自由児を含むクラスの場合

　肢体不自由の子どもたちを含む障がいの重い子どものムーブメント教育・療法は、感覚運動に結びつく発達的課題として、①抗重力姿勢での感覚運動の経験、②豊かな身体の揺れ感覚の経験、③身体意識、特に身体像の形成の3つのポイントを大事にしてプログラムを行います。多様な身体運動の刺激や身体意識を育てる活動などは、一人ひとりの発達ニーズを踏まえた上で、子どもたちに楽しむ力、感情を表出する力、コミュニケーション力の発達を支援していきます。

　重症心身障がいのある子どもたちは、ボールを持って斜面を転がしても、ボールの動きを最後まで注目することが難しい場合もあります。そのようなときには、モチベーションを高めるために斜面の下に鈴などの音が出るものを置いておき、斜面を転がったボールが当たると音が鳴るようにします。「ボールが転がる→当たる→音が鳴る」という動きを伴う因果関係に気づくことができるように、ムーブメントの問いかけができる環境づくりにより、子どもの達成感へのつながりを大切にします。

　表7-7のストーリームーブメントは、お話の内容や流れに合わせてムーブメント活動を展開するストーリー体験型のムーブメントです。話の展開を予想したり、場面を想像したりすることができるため、動きやすくなると同時に想像して動く力を引き出しやすくなります。

表7-7　肢体不自由のある子どもを含むクラスの保育プログラム

ねらい	・全身で温泉の雰囲気を感じよう。 ・お話を聞いて、見て、触って、実際に体験して楽しもう。 ・楽しみながらさまざまな揺れや感触を楽しもう。

配時	活動	内容・方法	達成課題	支援のポイント
10分	フリームーブメント 朝の会 体操	・好きな遊具で自由に遊ぶ。 ・呼名 ・リンゴ体操	環境適応 集団意識 身体意識	・保護者と一緒という安心感。 ・場所に慣れる。
15分	課題ムーブメント 「あったまろう」 ①温泉ランドに出発！	・はじまりはじまり～♪ ・大型バスにのって（座位で）、がたがた揺れる、斜めになってみる。 ・バギーに乗って山登り。 ・音楽に合わせて移動。 ・紅葉の道の散歩→到着。 ・あったか足湯でゆったりゆらり。	聴覚・視覚 集中力 空間認知 協調活動 触覚・視覚 平衡感覚 リズム感 前庭感覚	・ゆっくりスタート。 ・イメージを膨らます。 ・1列につながって、歌いながら声かけに合わせ身体を動かす。
10分	②温泉ランドで遊ぼう	・マッサージ器でブルブル。 ・トランポリンの湯船でゆらゆら。 ・流れる湯船で遊んじゃおう。 ![流れる温泉プール] 流れる温泉プール	固有感覚 粗大運動 温熱感覚	・親の介助を補助し一緒に楽しめるよう援助。
15分	③パラシュートでリラックス	・ボーリング場で遊ぼう。 ・ムーブメントパラシュートの風を感じながら、活動を終わろう。	前庭感覚 平衡感覚	・順番に交替を促す。 ・ゆったりした雰囲気づくり。

出典：小林芳文・小林保子ら（2020）『子どもたちが笑顔で育つムーブメント療育』クリエイツかもがわ. p.114より一部改変

【引用・参考文献】

● 阿部美穂子（2009）「障害幼児の療育や統合保育におけるムーブメント教育・療法活用の可能性の検討―保育士・指導員へのアンケート調査から」『とやま特別支援学年報』3. p.3-11.

● 河合高鋭（2018）「幼稚園におけるインクルーシブ教育のためのムーブメント教育・療法の活用―社会的相互作用に焦点をあてて」『児童研究』97. p.30-36.

● 小林芳文・飯村敦子・竹内麗子・吉村喜久子（2010）「包括的保育に結びつけたムーブメント教育の実践分析に関する研究」『保育科学研究』1. p.82-94.

● 小林芳文監修／小林保子・花岡純子編著（2020）『子どもたちが笑顔で育つムーブメント療育』クリエイツかもがわ

● 藤井由布子・小林芳文（2006）「国際ムーブメント教育・療法学術研究センター論文 ムーブメント教育理念を用いたダウン症児の家族支援―AEPSファミリー・レポートを参考にして」『児童研究』85. p.68-82.

（河合高鋭）

インクルーシブ教育に生かす

❶ 交流および共同学習の意義と支援の考え方

> 障害者基本法第14条第3項にも規定するとおり，障害のある幼児児童生徒との交流及び共同学習は，児童が障害のある幼児児童生徒とその教育に対する正しい理解と認識を深めるための絶好の機会であり，同じ社会に生きる人間として，お互いを正しく理解し，共に助け合い，支え合って生きていくことの大切さを学ぶ場でもあると考えられる。……特別支援学級の児童との交流及び共同学習は，日常の様々な場面で活動を共にすることが可能であり，双方の児童の教育的ニーズを十分把握し，校内の協力体制を構築し，効果的な活動を設定することなどが大切である。
>
> 小学校学習指導要領（平成29年告示）解説「総則編」（第3章第5節の12）より抜粋

　ムーブメント教育・療法とは、第1章で述べられているように、対象のヒトだけでなく、支援者や保護者も含めた誰もが喜びと充実感を実感できる「人間尊重の理念に基づいた教育・療法」（小林, 2007）です。障害のある児童だけでなく、通常の学級の児童にとっても喜びと充実感を実感できる活動です。筆者自身も、ムーブメント活動のプールでムーブメントパラシュートの上に乗せてもらい、参加者たちにムーブメントパラシュートを操作してもらった時の感動を忘れることができません。

　また、通常の学級の児童にとって、障害のある児童と一緒に活動を楽しむ経験を通して、ともに活動する仲間として、障害のある児童を個人的に理解することにつながります。筆者が体験したように、障害のある児童も通常の学級の児童も、お互いに「してあげる」「してもらう」といった楽しい体験ができます。

❷ プログラム作成と実施上の配慮点

　前述の小学校学習指導要領解説には、「双方の児童の教育的ニーズを十分把握し、校内の協力体制を構築し、効果的な活動を設定することなどが大切である 」と書かれています。ムーブメント教育・療法では、通常の学級の児童、障害のある児童双方で、体育科と特別活動、下学年においては生活科、上学年においては総合的な学習のねらいをもったプログラムをつくることができます。

また、知的障害の児童であれば、自立活動や生活単元学習のねらいをもったプログラムをつくることができます。知的障害以外の障害のある児童であれば、自立活動のねらいをもった関連のプログラムをつくることができます。障害のある児童と通常の学級の児童が、それぞれのねらいをもった柔軟なプログラムをつくることが大切になります。

　実施上の配慮点は、第1章第7節ムーブメント教育・療法の進め方に記載されている「ムーブメント教育・療法の展開における9つの原則」（Frostig/小林, 1970/2007）を大切にします。小学校では、活動の中で競争したがることがあります。よいところに注目できるようにしたり、自分たちで考える場面をつくり、その独創性を評価したりすることで、勝敗だけに目を向けないようにすることができます。

❸「なかよしタイム」のプログラムより

　以前筆者が勤務していた小学校での実践を紹介します。

　知的障害のあるA児（当時1年生）は、友だちへの興味が芽生えてきたのですが、つい、押す、叩くなどの不適切な方法でその思いを伝えてしまう様子が見られました。A児の友だちとかかわりたい気持ちをさらに

みんなが大好きなパラシュートムーブメント

伸ばし、適切な方法で友だちと一緒に遊べる成功体験を積むことを目指して、交流および共同学習の授業実践に取り組みました。

　年間を通した単元「なかよしタイム」を設定し、毎月2回、ムーブメント活動を軸にプログラムを設定しました。A児は以前より保育園やことばの教室、親子教室において、ムーブメントロープやムーブメントパラシュートを使った集団ムーブメント遊びを体験してきているので、ムーブメント活動を取り入れることで、A児が見通しをもち、意欲的に交流活動に取り組むことができると考えました。

1）「なかよしタイム」の主な活動内容

　対象は、A児および、1年3組の児童30名。実施時間および実践者、場所は、月2回程度、45分間（1時限分）、通年で全26時間実施しました。実践者は、筆者（特別支援級担任）および、1年3組の担任。場所は、体育館、プレイルームを使用しました。

各月ごとにテーマを決め、季節感を生か
したプログラムを構成しました。各月の内
容を表7-8に示します。

　単元は3部構成からなり、第一次（4時間）
「なかよしタイムを始めよう」では、①ロー
プを使った活動、②メインの活動、③ムー
ブメントパラシュートを使った活動と、決まっ
た活動の流れをつくり、見通しをもちやす

「なかよしタイムを始めよう」（ロープ）

くすることで、主体的に遊具や友だちにかかわろうとする意欲を高めることをねらいと
しました。活動の内容や順番がわかるように活動カードを使用しました。

　第二次（16時間）「○月のなかよしタイムをしよう」（創造的なムーブメント活動）で
は、6月「カエル」、7月「海」と、季節をイメージしやすいものを題材としました。「カ
エルになって池の中で遊ぼう」などと、身体で表現する場面をつくり、自分で動きを考
えたり、友だちの動きを模倣したりできるように支援しました。また、多くの友だちと
かかわろうとする意欲を高めることをねらい、チーム編成を工夫し、友だちと動きのリ
ズムや大きさを合わせる喜びを味わう経験を積める活動へと展開しました。

　第三次（6時間）「○月のなかよしタイムをしよう」（ルールのあるムーブメント活動）
では、友だちがつくったルールで、順番に活動する際、「替わって」「ありがとう」など
の言葉をお互いにかけられるように展開しました。役割交代や繰り返しによって、友だ
ちとの一体感を求めて、動きの強さ、速さを調節しようとする姿を期待しました。

「海へ行こう」（スカーフ）

表7-8 「なかよしタイム」の月テーマと主なムーブメント活動

月	テーマ	主なムーブメント活動
5	ともだちいっぱい	手をつないだり、みんなでロープ、ムーブメントパラシュートを使って遊んだりする。
6	カエルになろう	カエルになったり、ムーブメントパラシュートを使って遊んだりする。 「カエルになろう」（ロープ）
7	海に行こう	泳ぐまねをしたり、チームでスカーフを使って魚を運んだりする。
9	台風になろう	強い風、弱い風などをイメージしてスピードを変えながら移動する。
10	お芋を育てよう	「サツマイモ」と「育てる人」の役割分担をして表現する。
11	落ち葉を運ぼう	新聞紙で「落ち葉」をつくったり友だちとスカーフで運んだりする。 「お芋を育てよう」 （新聞紙とスカーフ）
12	クリスマスツリーをつくろう	チームでタオルケットのそりに乗ったり、紙コップを使ってクリスマスツリーをつくったりする。
1	スキー鬼をしよう	新聞紙をスキーの板のように履いて手つなぎ鬼ごっこをする。
2	ムーブメントパラシュート遊びをしよう	チームに分かれて2月（冬）にちなんだ活動を考え、チームの友だちと話し合いながらムーブメントパラシュート遊びをする。
3	ひな祭りをしよう	お雛様チームと、春の風チームに分かれて活動する。

2）11月の指導案（第二次、12/16）

①目標

・他者からの働きかけに対して、友だちと手をつないで活動することができる。（A児：自立活動）

・友だちの動きを見て、新聞紙のちぎり方や遊び方を工夫したり、友だちと違う活動を考えたりすることができる。（1年生：生活科）

②展開：表7-9　「なかよしタイム」の11月の指導案の展開

配時 (分)	追究の節と子どもの考え（A児は太字）	教師の支援【評価の視点】
5	○今日の活動を知る。 ・**今日もパラシュートが楽しみだな。「１、２の３」がしたいな。** ・11月のなかよしタイムは何が出てくるかな？ ・冬！　雪が降る……かな？ ・寒いけど、雪は降らないよ。 ・落ち葉がいっぱい！ ・おばあちゃんと銀杏を拾いに行ったよ。	・T1：11月に関する事象や知っていることについて聞き出し、11月への意識を高める。活動カードを見せ、活動の見通しをもちやすくする。 ・T1：A児の動きを見ながら活動を進める。 【他者とのかかわりの基礎】A児：友だちと手をつないで活動することができる。
7	○タンブリンの打った数だけ集まり、「わゴムになあれ」の歌に合わせて動く。 ・**手をつないでくれた友だちがいた。うれしいな。** ・○○ちゃんと初めて一緒になったよ。 ・A君と一緒になりたいな。	・T1：みんなが気持ちよく集まれるように、友だちの集まり方を活動前に確認する。 ・T2：キーボード演奏。児童の動きを見て、曲を弾き始めたり、伸ばしたりする。
10	○新聞紙をちぎってばらまいたり、集めたりする。 ・びりびりするよ。 ・たくさんちぎって落ち葉にしよう。 ・落ち葉に潜ろうよ。 ・集めて山にしよう。	・T1：新聞の使い方について、A児にもわかりやすいように「びりびり」や「集める」など短い言葉で伝える。 ・T1T2：児童と一緒に活動に参加し、みんなで楽しんでいる雰囲気をつくる。
10	○パラシュートの上にちぎった新聞紙を乗せて飛ばす。 ・**やったー。パラシュートだ！** ・落ち葉が飛んだよ。もっともっと飛ばしたい。 ・パラシュートが重くなったよ。しっかり持たないと。	 「落ち葉をつくろう」（新聞紙）
8	○新聞紙を袋に集める。 ・袋いっぱいになったね。 ・○○さん、袋持ってて、入れるから。 ・A君、いっぱい片づけしてるね。	

| 5 | ○活動を振り返り、楽しかったこと、友だちの良かったところを聴き合う。

・ぼくも言いたいな。**手を挙げて発表するよ。**

・今日はパラシュートを飛ばせたよ。

・「わゴムになあれ」が楽しかった。

・○○君の落ち葉、すごかったよ。まねしたら面白かった。

・手をつないだらA君が笑ったよ。うれしかった。 | • T1：活動途中に発表タイムをつくる。A児も発表タイムに登場し、良い場面で注目される機会をつくる。

【技能】友達の動きを見て、新聞紙のちぎり方や遊び方を工夫したり、友だちと違う活動を考えたりすることができる。

• T1：活動カードを使うことで、A児も発表したい気持ちになるように促す。また、楽しかったことばかりでなく、A児についてどうだったか、仲良くできた友だちについてどんなかかわりができたか話題を広げる。 |

3）その他

　他にも、別の小学校で、知的障害特別支援学級の児童2名（4年生、6年生）とともに、1年生の子どもたちを楽しませようと、ムーブメント活動を一緒に行いました。支援学級の児童2名にとって、自分たちが考えたプログラムを通常の学級で行うことで、達成感や自己有用感を味わえると考えました。一方、1年生にとっては、「がっこうがたのしい」「○○○○級（支援学級の名前）の友だちと楽しく遊んだ」という思いをもつことができることを目指しました。児童らは、1年生を楽しませるためにどんな活動がよいかと、勝ち負けにこだわらない活動を考え、実践することができました。

交流学習でのムーブメント活動

現在勤務している小学校では、2つある支援学級で週1回ムーブメント活動を行っているほかに、4学年以上の児童が行うクラブ活動で、「ムーブメントクラブ」を立ち上げました。通常の学級の児童でも、運動が苦手な児童がいます。どの子も楽しく身体を動かし、友だちとかかわる中で、達成感や、自己有用感を高められる活動になるように願っています。また、上学年では、まだ行ったことがない、交流および共同学習でのムーブメント活動を行うことにつなげていきたいと思っています。

【引用・参考文献】
●小林芳文監修／是枝喜代治・飯村敦子・阿部美穂子・安藤正紀編著（2017）『MEPA-R活用事例集─保育・療育・特別支援教育に生かすムーブメント教育・療法』日本文化科学社
●マリアンヌ・フロスティッグ著／小林芳文訳（1970/2007）『フロスティッグのムーブメント教育・療法─理論と実際』日本文化科学社

（横田千佳）

索　引

PROFILE

〈監　修〉　小林芳文（こばやし よしふみ）
　　　　　NPO法人日本ムーブメント教育・療法協会会長　国際ムーブメント教育・療法学術研究
　　　　　センター所長　横浜国立大学名誉教授・和光大学名誉教授

〈編　著〉　阿部美穂子（あべ みほこ）
　　　　　JAMET認定ムーブメント教育・療法常任専門指導員　山梨県立大学教授

〈　著　〉　NPO法人日本ムーブメント教育・療法協会（略称：JAMET）

〈執筆者〉（50音順）

阿部美穂子　JAMET認定ムーブメント教育・療法常任専門指導員（山梨県立大学教授）
　　　　　　担当：第1章、第6章第1節・第3節、第7章第1節

岩羽紗由実　JAMET認定ムーブメント教育・療法上級指導者（聖ヶ丘教育福祉専門学校非常勤講師）
　　　　　　担当：第6章第2節

近江ひと美　JAMET認定ムーブメント教育・療法中級指導者（富山県立となみ総合支援学校教頭）
　　　　　　担当：第7章第4節

大越　敏孝　JAMET認定ムーブメント教育・療法上級指導者（茅ヶ崎市立汐見台小学校校長）
　　　　　　担当：第7章第5節

大塚美奈子　JAMET認定ムーブメント教育・療法上級指導者（上田女子短期大学専任講師）
　　　　　　担当：第5章

奥村　操子　JAMET認定ムーブメント教育・療法上級指導者（鳥取県立鳥取養護学校教諭）
　　　　　　担当：第2章

尾関　美和　JAMET認定ムーブメント教育・療法上級指導者（鳴門教育大学附属特別支援学校教頭）
　　　　　　担当：第4章

河合　高鋭　JAMET認定ムーブメント教育・療法常任専門指導員（鶴見大学短期大学部准教授）
　　　　　　担当：第7章第6節

窪田　麻由　JAMET認定ムーブメント教育・療法初級指導者（生活介護センターあおば看護師）
　　　　　　担当：第7章第2節

庄司　亮子　JAMET認定ムーブメント教育・療法上級指導者（社会福祉法人県央福祉会海老名市立わ
　　　　　　かば学園児童指導員）
　　　　　　担当：第2章

玉井　春菜　JAMET認定ムーブメント教育・療法中級指導者（松山市立久米小学校教諭）
　　　　　　担当：第3章

袴田　優子　JAMET認定ムーブメント教育・療法上級指導者（市川市教育センター教育相談心理士）
　　　　　　担当：第7章第3節

古谷久美子　JAMET認定ムーブメント教育・療法上級指導者（NPO法人ムーブメントまつもと・
　　　　　　障害者就労継続支援B型事業所ムーブ支援員）
　　　　　　担当：第7章第2節

柳澤美恵子　JAMET認定ムーブメント教育・療法常任専門指導員
　　　　　　担当：第7章第2節

横田　千佳　JAMET認定ムーブメント教育・療法上級指導者（富山市立大沢野小学校教諭）
　　　　　　担当：第7章第7節

実践！ ムーブメント教育・療法
楽しく動いて、からだ・あたま・こころを育てる

2023年4月30日　初版発行

監　修● 小林　芳文
編　著● 阿部美穂子
著　　● ⓒNPO法人日本ムーブメント教育・療法協会
発行者● 田島英二　info@creates-k.co.jp
発行所● 株式会社 クリエイツかもがわ
　　　　〒601-8382　京都市南区吉祥院石原上川原町21
　　　　電話 075(661)5741　FAX 075(693)6605
　　　　https://www.creates-k.co.jp
　　　　郵便振替　00990-7-150584
デザイン● 菅田　亮
イラスト● ホンマヨウヘイ
印 刷 所● モリモト印刷株式会社
ISBN978-4-86342-346-6 C0037　printed in japan

本書のコピー、スキャン、デジタル化等の無断複製は著作権法上での例外を除き禁じられています。
本書を代行業者等の第三者に依頼してスキャンやデジタル化することは、
いかなる場合も著作権法上認められておりません。